TOP10
Mike
Hwang
지음

영어공부

몇번을 시작하고 포기했는지 기억도 안 납니다. 저를 비롯해서 한국에서 공부한 대부분의 사람들에게 영어 잘하는 것은 신기루처럼 보이지만 잡을 수 없습니다.

저만 선행학습을 못했고, 아무리 발버둥 쳐도 영어를 잘할 수 없었습니다. 그래서 23년간 수백 명에게 어떻게 영어공부했는지 물어봤습니다. 학교 선배와 친구들, 영어를 같이 전공하는 친구들, 동료 영어 선생님들, 제 수업을 듣는 학생들, 여행에서 외국인들에게도 물어봤습니다.

그 영어공부 비결의 대부분을 실행에 옮겼습니다. 그중에는 수 천 만원, 수 년을 아낄 정도로 좋은 것도 있었습니다.

이 책에는 가장 좋은 10가지를 담았습니다. 10가지를 모두할 필요는 없습니다. 모두 할 수도 없습니다. 영어 학습 단계에 따라서 지금 당장 필요한 2~3가지만 반복하시면 됩니다.

'영화 영어공부'는 영어공부의 중고급 단계에서 하는 것입니다. 이미 웬만큼 영어로 말하고 쓸 줄 아는 사람들이 더 능숙하게 하기위한 것입니다. 만약 초중급 단계에서 시도한다면 어렵고 재미 없어서 얼마 못가 포기합니다.

나만 영어를 못 했었고 열심히 해도 안 됐습니다. 그래서 한국 사람들이 왜 영어를 못하는지, 어떤 부분이 가장 급한지 알 수 있었습니다. 그것은 좋은 강사가 되고, 좋은 영어책 작가가 되는데 큰 도움이 되었습니다.

이 책의 영어공부법으로 10년 해도 안 되는 영어가 1년~3년 만에 가능합니다. 수 년의 어학연수 기간이 수 개월로 줄어듭니다. 분명히 이렇게 생각하실 것입니다. '좀 더 빨리 알았으면 참 좋았을텐데!'

발음 학원 책 합격 단어 읽기 말 듣기 영화

30분

하루 30분,
꼴찌에서
중간으로

6살 때부터 피아노를 쳤다. 부모님께서는 무슨 일이든 10년만 하면 먹고는 산다고 하셨지만, 나는 음악을 20년 해도 먹고 살지 못했다. 물론 돈을 목적으로 음악을 만들고, 그쪽으로 추구했다면 먹고는 살았을 것이다. 하지만 명확한 방향 없이 단지 더 좋은 음악만 만들면 모든 것이 해결되리라는 환상만 가졌기에 잘되지 못했다.

아버지께서는 오락실을 하셨고, 어머니께서는 피아노학원을 하셨다. 나와 동생은 공부 머리는 꽤 있는 편이었다. 학원은 다니지 않았지만 학교성적은 반에서 1~5등 정도였다. 오락을 실컷하면서도, 학원을 다니지 않아도 성적이 높다는 것은 부모님께 자랑이었다. 나쁘게 생각하면 그것 때문에 영어를 포기했었고, 좋게 생각하면 지금 영어를 통해 먹고 살 수 있게 됐다.

머리가 좋다고 공부를 잘하는 것은 아니다. 내가 공부를 잘했던 이유는, 첫째는 책을 좋아해서 많이 읽은 것 때문이다. 평생 3천 권가량 읽었다. 그래서 초등학생 때부터 어휘가 풍부해서 수업 이해가 빨랐다.

둘째는, 공부방법 관련 책들도 5권가량 읽었는데, 책

내용의 70%는 별 도움이 안 됐지만, 나머지 30%가 꽤 도움이 됐다. 가장 기억에 남는 것은 '에빙하우스의 기억 곡선(혹은 망각곡선)'으로, 배우고난 지 20분이 지나면 58%가 기억에 남아있고, 1시간이면 44%, 9시간이면 36%가 남아있는 것이다.

대학교 입학할 때까지 항상 지켜왔던 것은, 자기 전까지 단 5분이라도 그날 배운 것을 한번은 꼭 보는 것이었다. 그리고 '영어, 수학'은 매일 각각 한 시간씩 공부했다. 다른 공부법은 책 <돈꿈사>에서 소개하겠다.

에빙하우스 망각곡선

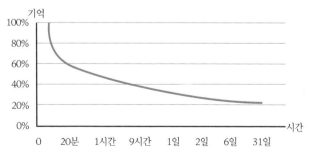

중학교는 좀 더 좋은 학교에 가려고 '예원학교'와 '국립국악학교' 중에서 고민했었다. 클래식으로는 전세계에 날고기는 사람들이 많아서 어려울 것 같았다. 국악으로는 한국에서만 1등이 되면 되기에 국립국악학교에 갔다. 문제는, 나를 제외한 모든 학생들이 학원에서 영어를 선행학습하고 온 것이다.

첫날 알파벳을 배우고, 둘째날 바로 회화수업을 했다. How are you?에서 how, are, you가 왜 그렇게 소리나는지도 가르쳐주지 않았고, 각각의 의미는 어떻게 되는지 전혀 모른 상태에서 'how are you = 잘 지내니?'가 되니까 전혀 이해할 수 없었다. 이해는 안됐지만 그냥 머리에 쑤셔 넣었다.

영어를 못하는 것보다 더 끔찍한 것은, 나를 빼고 모든 아이들이 다 나보다 영어를 잘한다는 것이고, 수업은 그 학생들 위주로 진행이 되는 것이다. 나는 철저히 수업에서 소외됐으며, 가끔 소외되지 않을 때는 더 두려웠다. 선생님이 수업 중에 읽으라고 시키거나, 발표시키거나, 질문할 때마다 가슴이 뛰었다. 한번은 candle(캔들, 양초)을 candy(캔디, 사탕)로 읽자 아이들이 크게 웃었다. 아이들에

게는 잊고 지나갈 웃음이었지만, 나에게는 20년 넘게 지난 지금도 정확히 기억할 정도로 부끄러운 일이었다. 공부라면 자신 있었던 나에게 일생일대의 굴욕이었다.

영어가 진짜 싫었지만, 그래도 열심히 공부했다. 첫 6개월은 그럭저럭 따라갈 수 있었다. 영어 본문은 완전히 다 외웠다. 그래도 영어 성적은 80등 정도로 하위권이었다. 1년쯤 지나자 겨우 중간 정도를 유지할 수는 있었다. 하지만 열심히 노력해도 그 이상의 영어 성적은 나오지 않았다. 다른 과목은 전체 100명 중 평균 30등 정도였다.

30분 공부로 꼴찌에서 중간으로

학급의 절반 이상, 보통 70%~80%의 학생이 영어를 포기한다. 선생님 입장에서는 일부 학생들이 잘 못 한다고 진도를 안 나갈 수도 없다.

성과를 중요시하는 학교(학원)에서는 높은 성적의 몇몇 아이들이 다른 대다수의 아이들보다 더 중요하다. 결국, 그 아이들이 좋은 데로 진학하여 반(학원)의 위상을 높여주기 때문이다.

개인적으로 좋아하는 작가 간다 마사노리는, **대부분의 학교나 학원은 5명을 상위권 대학에 보내기 위해 95명의 수업료로 운영된다**고 했다. 대학이 초중고 공부의 종착역인 이상 어쩔 수 없다. 대학의 선발 방식에 10년의 공부가 맞춰진다.

선생님들이 아이들에게 읽는 것을 잘 시키는 이유는, 아이들이 수업에 집중하게 하는 가장 쉬운 방법이기 때문이다. 물론 미리 공부하지 않으면, 나처럼 영어를 읽는 게 불가능한 학생들이 많다. 심지어는 파닉스를 배워도, 막상 배운 단어 말고는 제대로 못 읽는 경우가 많다. 빠르게 발음을 익히는 방법은 다음 단원에서 다룬다.

다시 말해, 학생들 절반은 영어를 포기했다. 나처럼

영어를 열심히 해도 잘 안 되는 과목으로 생각한다. 그 이유는 잘하는 아이들과의 실력 차이는 몇 개월이 아니라 3~6년, 또는 그 이상이기 때문이다.

아이의 집중력에는 한계가 있다. 수업에 열심히 참여하는 학생이라도, 친구들이 말을 걸거나, 다른 생각이 들면 수업을 따라갈 수 없다. 선생님들도 매번 같은 것만 가르칠 수 없다. 학년이 높아지면서 더 어려운 것을 가르치는데, 쉬운 것(기본 문장구조 등)을 이해하지 못한 학생들은 어려운 것(관계대명사 등)은 이해할 수 없다. 시기가 문제지, 70~80%의 학생은 어느 순간부터 영어를 포기하게 된다.

 이것을 해결해줄 수 있는 것이 바로 예습이다. 영어나 수학이나, 학생이 기초가 없다고 다시 기초부터 차근차근 가르치면 안 된다. 실력이 낮은 학생일수록 먼저 학교 수업을 따라갈 수 있게 예습해야 한다. 그리고 남는 시간에 기본기를 쌓아야 한다.

예습의 목적은 교과서 지문을 '읽을 수 있고', 교과서의 '단어 뜻을 아는 것'이다. 해석이 가능하고, 관련된 문법도 알면 좋다. 실력이 있는 학생은 바로 한 문

장씩 읽고 해석을 시킨다. 틀리게 해석한 부분만 가르쳐주면 된다.

하지만 실력이 없으면 부모님(혹은 선생님)께서 먼저 한문장 읽으면 아이가 한 문장씩 따라 읽게 한다. 이렇게 처음부터 끝까지 1~3회 반복 후에 아이가 스스로 읽게 한다. 이후에 모르는 단어를 다 적게 하고, 해석하면서 뜻을 적게 한다. 그리고 뜻을 가린 뒤에 다시 처음부터 해석하면서 뜻을 적게 한다(p.132).

이 과정을 하는데 하루에 30분이면 충분하다. 만약 제시한 전체 예습 과정을 하기 어렵다면, 아이가 스스로 읽거나 단어 암기하는 과정을 생략하고 함께 몇 번 같이 읽기만 해도 좋다. 이것만으로 영어수업이 훨씬 수월해질 것이다. 복습과 예습 둘 중에 하나만 할 수 있다면, 영어는 단연코 예습을 해야 한다.

그리고 기본기를 쌓는 것은 뒤에 나오는 영어책 추천 입문~초급(p.70)을 참고한다.

예습의 효과

당장 영어가 재미있어질 것이고, 빠르면 3개월 늦어도 1년 이내에 반에서 중간 이상의 성적을 받을 것이다.

선생님이 읽는 것을 시켜도 자신 있게 읽을 수 있고, 수업 중간에 딴생각을 해도 다시 수업으로 복귀할 수 있다. 똑같은 것을 또 한다고 해도 시간 낭비가 아니다. 같은 문장을 반복할수록 보지 못했던 구조가 보이기 시작하고, 맥락과 쓴 사람의 의도가 파악된다. 모든 공부가 마찬가지지만, 특히나 영어는 반복이다. => 실습 p.132 👑

음

한글로 익히는 영어발음

TOP 2

학생 때 주로 복습으로 혼자 영어를 공부했다. 복습할 때, 모르는 단어가 있으면 사전을 찾아봤다. 하지만, 사전 옆에는 새로운 글자(발음기호)가 적혀있다. 알파벳도 어려운데 발음기호라니!

읽을 수 없으니 문장 밑에 한글로 발음을 쓰는 수밖에 없다. 그런데 한글로 쓰다 보면, 한글 표기의 한계 때문에, L과 R 모두 'ㄹ'로 쓰게 되고, th는 '쓰'인지 '뜨'인지 모르게 된다. 결국 매번 단어가 헷갈려서 잘 읽혀지지도 잘 외워지지도 않는다. 수업시간에 발음을 못 받아적으면(그 때는 인터넷, 전자사전도 없었기에) 혼자서는 그 영어 발음을 알아내기가 불가능했다.

대학교에서 영어 음성학 수업을 듣기 전까지 누구도 발음기호에 대해 체계적으로 가르쳐주지 않았다. 그냥 감으로 알고 있었다. 물론 학원 한 번 안 다닌 내 탓도 있다.

학원이나 학교에서는 발음을 '파닉스'로 가르친다. 파닉스는 영어 알파벳 단어들의 공통점을 찾아 발음을 익히는 것이다. 예를 들면 bat, cat를 보고 '뱃트', '캣트'로 읽어보고, a는 '애'발음이 난다고 익히는 것이다.

문제는, 항상 a가 '애'발음이 난다면 참 좋을 텐데 그렇지 않다. a가 '아', '어', '에이'로도 소리 난다. 그 모든 경우를 파닉스로 다 익힐 수 있을까?

불가능하다.

예를 들어, e앞의 a는 '에이'로 소리 난다고 배운다면, cave케이브, take테이크, save세이브로 규칙이 맞는 것처럼 보인다. 하지만 have는 '헤이브'가 아니라 '해브'로 읽는다. 마찬가지로 aid에이드, raid레이드로 읽지만, said는 '쎄이드'가 아니라 '쎄드'로 읽는다. 모든 경우를 파닉스로 배울 수도 없을뿐더러, 배운다고 해도 예외가 너무 많다.

이 말이 믿기지 않는다면, 1~2년 파닉스를 배운 자녀분이 있다면, 처음 보는 문장을 읽도록 시켜보자. 얼마나 잘 못 읽는지 알 수 있을 것이다.

결국은 '발음기호'로 오게 된다. 파닉스도 '발음기호'에서 파생된 것이기 때문이다. 파닉스를 배운 뒤 나중에 발음기호를 배우느니, 처음부터 '발음기호'로 배우는 게 빠르다.

발음기호만 알아도 사전을 찾으며 독학할 수 있다.

그럼 문제는 어떻게 발음기호를 배우는가이나. 알파

벳과 공통이 되는 것은 알파벳 기준으로 먼저 배우고, 알파벳과 다르게 소리 나는 것은 따로 배울 수 있게 한 것이 내 첫 저서 <1시간에 끝내는 영어발음>이다. 이 책보다 더 쉽고 빠르게 배울 수 있는 방법은 없을까 고민했고, '알파벳 기준의 발음기호'가 아닌 '한글 기준'의 발음기호를 익히고, 이후에는 강세나 비교를 통해 특징을 배울 수 있게 한 책이 <2시간에 끝내는 한글영어 발음천사>이다. 책 내용 중 일부분은 이 책(영어공부법)에서도 실습할 수 있도록 했다. ⇒p.134

영어를 잘 못 했지만, 영어에 대한 갈망은 많았다. 영어를 잘 하는 것은 포기했지만, 한편으로는 그래도 **하다 보면 언젠가는 되겠지**라는 마음도 있었다.

이후에 영어를 잘하는 사람을 만날 때마다 어떻게 공부했는지 물어봤다. 당시 가장 유명했던 책인 S영문법을 추천받았다. 친절하게 3가지 난이도로 되어있었는데, 나는 왕초보였기 때문에 기초책을 사서 봤다.

큰마음 먹고 학교 도서관에서 4시간을 봤다. 그리고 첫 번째 예제를 푸는데 하나도 풀지 못했다. 공부한 것은 5형식이었는데, 5형식에 필요 없는 품사들까지 섞여 있는 문제여서 풀 수 없었다.

이해가 잘되는 영어책이면 가장 좋다. 만약 그렇지 않은 책을 본다면, 모르는 부분은 넘어가고 대충대충 여러 번 보자. 반복해서 보다 보면 이해가 안 되던 부분이 이해가 된다. 책 내용이 쉬운 것부터, 많이 쓰는 것부터 단계별로 되어있기보다는, 설명이나 문제가 뒤죽박죽으로 되어있는 경우가 많기 때문이다. 자세한 내용은 p.46참고.

이후에 M영문법도 봤다. 하지만 역시나 스스로 익히는 것은 불가능했다. 왜 문법책에는 문법 용어가 왜 그렇게 많은지 모르겠다. 책 좀 읽었다는, 공부 좀 하는 나였지만, 그 책들을 절대 이해할 수 없었다.

그 문법들을 제대로 익히면, 영어를 잘할 수 있었을까? 절대 아니다. 그 문법들은 영어문장을 놓고 분석한 문법이지, 영어문장을 만들 수 있게 하는 문법은 아니었다.

쉽게 말해 능동태를 수동태로 고치는 연습을 아무리 해도, 실제 상황에서는 능동태로 먼저 생각한 뒤에 수동태로 고쳐서 말하지 않는다. 수동태 문장을 봤을 때도 능동태로 고쳐서 이해하지는 않는다.

그런 방식으로 10년을 배웠지만 외국인만 만나면 가슴 떨리며 더듬더듬 말 한마디 제대로 못 하는 한국과 일본의 성인들이 그런 학습의 증거이다.

그 책들이 문법 용어가 많고 이해하기 힘든 이유는, 영어 원서를 번역한 것이 아니라, 일본의 문법서를 번역해서라고 한다. 물론 최근에는 그보다 나은 책들도 많이 있다.

수능을 준비하며

나는 고등학교를 졸업하지 않았다. 대신에 2년간 쉬다가 검정고시와 수능을 같이 준비했는데, 약 10개월간 재수학원에서 아침 8시부터 저녁 10시까지 갇혀서 공부만 했다.

영어수업을 듣기 전에 항상 문제를 미리 풀고 수업을 들었다. 이상하게 내가 해석할 때는 잘 안됐던 것이, 선생님께서 해석하실 때는 정말 쉽게 해석이 됐다.

그 영어 선생님은 꼼꼼하게 왜 그렇게 해석이 되는지 알려주시지는 않았다. 구문이 복잡한 것은 구문분석을 해주시기도 했지만, 보통은 대략 해석해주셨다.

 영어와 한국어의 가장 다른 점은, 한국어에는 조사가 있어서 단어의 순서에 상관없이 의미가 전달되지만, 영어는 조사가 없는 대신에 조사가 자동으로 붙어서, 단어의 순서에 따라 의미가 전달된다.(관련 강의 goo.gl/p576xq) 한 단어가 위치에 따라 의미가 달라진다. 결국 그 위치에 따른 해석을 훈련으로 익히지 않으면 빠르게 해석할 수 없다. p.162, p.164 참고

수능점수는 기대 이상으로 잘 나왔다. 대부분 만점이거나

2개 이내로 틀렸다. 다만 영어만 80점 만점에서 60점으로 낮았다. 그래도 작곡과로는 S대도 갈 성적이었다.

당시 S대를 졸업한 작곡 선생님은 가난에 힘들게 사셨다(다행히도 현재는 영화음악에서 잘하고 계신 것으로 들었다). 나는 음악하면서 (그때는 철이 없게도) 그렇게까지 가난하게 살고 싶지 않았다. 게다가 S대 목표로 실기를 준비하지도 않았고, 나군에 거의 모든 대학이 몰려있는데 S대에 넣으면 다른 곳에 넣을 수 없었다. 무엇보다 S대를 간다고 해도 클래식이 아니라 대중음악을 할 계획이었다.

그래서 실용음악과 4년제를 알아봤는데, 그때는 서울·경기에는 경기대와 경희대 밖에는 없었다. 경기대를 학부 수석으로 붙어서 장학금을 준다고 해서 경기대를 갔다.

대학교를 입학하면서 **다시는 절대로 영어를 공부하지 않겠다**고 다짐했다. 👑

학원

좋은 학원,

나쁜 학원

TOP 3

대학교에는 필수 교양 과목에 '영어'가 있었다. 졸업하려면 두 번 B+ 이상 나와야 했다. 어쩔 수 없이 원어민 영어 수업을 두번 들었는데, 각각 C, D가 나왔다. 나는 실력도 없었고, 수업도 한 번 빠졌다. 한번은 원어민 교수가 연필을 들고 pen인지 pencil인지를 물어보길래 pen이라고 대답할 정도니 변명할 자격은 없다.

내 음악은 작품성은 높지만, 대중성은 높지 않았다. 나는 그동안 없었던 새로운 세계를 창조하고 싶었다. 음악 내에서 'A=B'라는 결론을 정해서 상대방에게 말하기보다는 'A와 B가 있는데 A와 B의 관계에 대해서 한번 생각해볼래?'에 가깝다. '나는 슬퍼요'를 말하기 보다는 '나는 이런 일을 겪었는데, 음악 안에서 당신도 비슷한 일을 겪어보고 한번 생각해봐.'에 가깝다.

클래식 쪽 사람들이 듣기에는 대중성이 높다고 생각했지만, 실용음악 하는 사람들이 들었을 때는 대중성이 부족한 배경음악이나 게임 음악 같이 여겼다.

게다가 2003년쯤에 기흉과 결핵으로 아주 아파서 휴학했고, 내 음악과 인생에 대해 돌아봤다. 남들이 원하는 음악을 만들만한 능력은 없었다. 내 음악으로 인정받고 먹고 살

확률은 앞으로 10년을 더 했을 때 50% 정도 가능성이 있다고 생각했다. 그 가능성을 믿고 음악을 하기에는 상처가 많았다. 음악을 일로 하고, 돈으로 하면서 음악을 사랑했던 순수한 마음이 많이 줄었다(자세한 내용은 <돈꿈사>에 담겨있다). 참고로 내 음악은 iminia.com에서 들어볼 수 있다.

아버지께서는 영어에 한이 맺히신 분이셨다. 나처럼 공부라면 자신 있으셨고, 영어 시험도 항상 잘 보셨지만, 영어회화는 잘 못 하셨다. 일본어도 잘하셔서 부업으로 일본어 번역일도 꽤 하셨는데, 이상하게 영어는 노력해도 잘 안 되셨다.

내가 아픈 게 나아갈 즈음 아버지께서 영어를 공부해보는 것이 어떻냐고 권하셨다. 아버지께서도 여러 가지로 알아보시고 '정철 어학원'을 추천해주셔서 종로의 '정철 어학원'을 다니게 됐다.

정철 선생님은 강의하시면서 수십 년간 영어교재와 테이프를 판매하셨는데, 자신이 그동안 가르쳤던 게 다 잘못됐다며 버리고 새로 만든 것이 바로 '엔진코스'이다. 영어 문법을 패턴화해서 가르치는데, 한국인이 가장 부족한 '구조'를 '체득'힐 수 있는 수업이었다.

정철 어학원에서 나를 가르쳤던 선생님은 '문영미 선생님'이셨는데, 그때 당시 교육부장(선생님을 가르치는 선생님)으로 계셨었다. 영어에 열정도 많으시고, 어감을 판단하는 능력도 뛰어나셨다. 언어가 칼로 무썰듯 나뉘는 것이 아님에도 몇몇 해석은 '그것이 정답이다'라고 느껴질 정도로 훌륭했고, 나 역시 영향을 많이 받아 가르치고 있다. 그때 3달의 정철 엔진코스와 문영미 선생님 덕분에 영어가 재미있어졌다. 처음으로 영어가 언어로써 느껴졌다.

👑 영어를 처음 배울 때는 어떤 책이 좋은지, 어떤 선생님이 좋은지 알 수 없다. 영어를 잘한다고 좋은 선생님이 아니다. 상대방이 이해할 수 있도록 상대방의 입장에서 설명해주는 선생님이 좋은 선생님이다.

우리가 한국어를 잘 하지만 한국어 선생님이 아닌 것처럼, 영어를 잘한다고 모두 영어 선생님은 아니다. 오히려 학생 때 영어를 쉽게 잘 했으면, 잘 못 가르칠 확률이 훨씬 높다.

최고의 축구 선수는 최고의 감독이 되기 어렵다. 재능이 부족한 선수들을 볼 때마다 답답할 뿐이다. 자신은 본능적으로 잘했기에 어떻게 해야 그 선수들의 부족한 부분을 키울 수 있는지는 모른다. 그래서 히딩크 감독이 뛰어난 감독이 될 수 있었던 이유는 선수 시절에는 잘 못 했기 때문이라고 생각한다.

성적이 제자리여도 수년간 같은 학원을 다니는 데에는 이유가 있다. 학원에 다니는 이유는 '성적 향상' 같지만, 실제로 가장 큰 이유는 안도감 때문이다. 주변의 공부 잘 하는 친구가 다니고 있다는 안도감, 명문대 졸업 선생님이 가르친다는 안도감, 남들 다니는 학원을 나도 다니고 있다는 안도감 때문에 다닌다. 잘 가르치는지 여부는 관심도 없고, 자신이 판단할 수 없다고 생각한다.

좋은 선생님께 배우면 일주일만 배워도 '안다는 느낌'이 확실하게 생긴다. 만약 한 달을 배워도 그런 느낌이 안 생긴다면, 잘못된 선생님이거나, 수준이 맞지 않는 잘못된 반에 있을 확률이 높다.

보통 3개월이면 성적이 오르고 6개월이면 당연히 올라야 한다. 만약 1년 이상 지나도 성적이 오르지 않는다면 절대 그 학원은 더 다니면 안 된다.

갑자기 든 생각인데, 일정 기간 내에 성적이 오르지 않는다면 돈을 전액 환불해주는 학원은 어떨까?

좋은학원, 나쁜학원

영어가 재미있어서 교양수업 대신에 영어 전공수업으로 점수를 채웠다. 일부 교수님들은 영문과 학생만 편애하셔서, 똑같이 출석하고 시험을 봐도 영문과 학생들이 점수가 높았다. 나는 '어쨌든 하고 싶은 것을 하자' 주의라 신경 쓰지 않고 꾸준히 다녔다.

영문학과를 나오는 것과 영어회화는 큰 상관이 없다. 영어 영문학과에서는 영어에 대한 전반적인 것을 얕지만 넓게 가르친다. 영어 발음, 영어 말하기, 영어 발표, 영어 토론, 영어 작문, 영어 소설, 영어 시, 영어 교육, 영국과 미국 역사 등.

영문학과 학위를 받으려면 (학교마다 다르지만) 그때 당시 졸업 논문을 쓰거나 토익을 800 이상 받아야 했다. 나를 비롯한 젊은 학생들은 당연히 토익을 선호한다.

영어를 전공해도 전공을 살려서 삶을 살아가는 경우는 약 30% 정도로 많지 않다. 영어 강사, 통역, 번역, 관광 가이드, 영어 출판사, 무역업, 외국계 기업 등을 한다.

영어에 자신감이 생기자 외국인과 대화 하고 싶어졌다. 사는 곳이 유명한 사립초등학교와 멀지 않아 외국인 교사가 많았는데, 외국인과 마주치면 일단 (부끄럽지만) 말을 걸었다. 밥도 사겠다고 해서, 밥도 사주고 메일도 주고받으며 친해졌다.

우연히 학교 홈페이지에서 IYC에 대한 정보를 봤다. IYC는 유네스코에서 주최하는 국제 캠프인데 내가 참가할 때가 40회(년)째였다. 이 캠프에 참가하기 위해 'Be the One to Change'라는 주제로 에세이를 써야 했다. 이때만 해도 내가 영어를 잘할 때는 아니라, 에세이를 쓴 뒤에 주변의 영문과 친구들에게 교정을 받았다.

에세이에서 뽑히면 면접을 보기 전에 3문제가 담긴 쪽지 시험을 봐야했다. 1.스크린 쿼터제에 찬성하는가? 2.아프리카에 병원과 학교 중에 하나만 지어야 한다면 무엇을 지을 것인가? 3.Be the One to Change를 그림으로 표현하시오.

이 문제들에 정답은 없지만, 나는 스크린 쿼터제에 찬성하는 쪽이었다. 국산 영화가 힘을 가질 때까지는 보호가 필요하다고 생각했기 때문이다. 그리고 아프리카에는 학교를 더 지어야 한다고 했다. 어느 수준까지는 병원보다 교육으로 치료할 수 있는 질병이 더 많기 때문이라고 했다. 그리고 그림 표현은 IYC에 Y를 사람으로 바꾸고, 유네스코 마크와 합성한 그림을 넣었었다.

시험 이후에 실제 영어 능력과 인성을 테스트하는 압박 면접을 봤다. 영어 실력은 낮았지만, 가야금을 할 수 있다는 장기 덕분인지, 사람이 나쁘게 보이지는 않았는지 뽑힐 수 있었다.

이후 한국 대학생들은 호스트(한국으로 초청하는 주인)로서 캠프 전에 2달간 만나면서 프로그램을 준비했다. 연령은 내가 중간 정도였는데, 21살에서 27살까지 있었다. 주로 대학교 3,4학년 학생들이 많았었다. 재수, 삼수해서 참여한 학생들도 있었고, 캠퍼가 아니라 본부 운영자로 참여한 학생들도 있었다.

이천의 유네스코 센터에서 2주간 30여 나라의 약 80명의 외국 대학생들과 30명의 한국 대학생들이 참여했다. 매일 저녁 돌아가며 각 나라의 문화를 알 수 있는 공연을 하고, 저녁에는 종종 한잔하면서 친해진다. 2주일 중에 4일은 이천이 아닌 전국에 흩어져서 미션을 수행하고, 다시 돌아와서 그 수행한 것을 발표한다.

2주가 세상을 바꿨다고, 나를 바꿨다고 하기는 어렵다. 하지만 그 2주간의 경험이 내 인생 전체에 정말 큰 영향을 미쳤고, 지속적인 변화를 가져오게 한 것은 사실이다. 무엇보다 내 자신을 객관적인 입장에서 볼 수 있게 됐다.

IYC 이후에도 중국 정부 초청으로 한국, 중국, 일본 학생들이 100명씩 총 300명이 모이는 캠프에도 다녀왔고, 외교통상부에서 하는 방일 대학생 프로그램으로 일본에도 다녀왔었다. 정부 주도로 하는 캠프라 안 좋은 일은 거의 없었다. 중소기업 사찰등 일반 사람들이 관광 목적으로 가기에는 힘든 곳에도 많이 갔다. 음식도 상당히 좋았고, 뛰어난 학생들이 많았다. 이때쯤의 내 영어 실력은 의사소통하는 데는 어려움이 없었지만, 공개된 곳에서 준비 없이 발표를 한다거나, 동시통역을 하면 막히는 부분이 있는 정도였다.

국제캠프에 참여하고 싶다면, 국가 청소년 위원회 iye.go.kr를 추천한다. 적게는 30~40%, 보통 70%가량의 경비를 지원해주는 데다가, 저렴하고 안전하게 다녀올 수 있다. 이력서에도 돋보이는 한 줄을 추가할 수 있다. 단, 나이 제한이 있는 경우가 많다.

캠프 말고 돈을 받고 일하며 다녀올 수도 있다. 흔히

들 많이 하는 워킹홀리데이도 있고, 같이 노동을 하는 워크캠프 workcamp.org, 한미 대학생 연수취업 west(work. english study, travel) 프로그램, 해외 인턴 코트라 kotra.or.kr, 코이카(자원봉사) koica.go.kr, 한국산업인력공단의 해외 직업 worldjob.or.kr 등이 있다.

잘 찾아보면 내가 갔던 외교통상부의 방일대학생처럼 매년 무료로 대학생들을 보내주는 프로그램도 꽤 많다.

보통 홍보가 부족해서. 아는 사람들만 서로 정보를 주고받는 경우가 많다. 참가하다 보면 다른 캠프에서 만났던 친구를 다시 마주치는 경우가 많았다.

대학교를 졸업할 때쯤, 1년만 더 다니면 영어 학위도 나올 정도로 영어학점이 많이 쌓였다. 부모님께 1년을 더 다니고 싶다고 말씀드렸더니 직접 벌어서 다니라고 하셨다. 학생이 할 수 있는 일 중 학비를 감당할만큼의 돈을 벌 수 있는 일은 별로 없었다. 그나마 '영어학원 강사'가 시간당 금액이 쎘다.

집이 강북이라 중학교와 대학교 모두 1시간 넘게 걸리는 곳으로 다니다 보니 직장만큼은 가까운 곳으로 다니고 싶었다. 벼룩시장에서 가까운 영어학원을 알아보고 연락했는데, 한군데에서 면접과 시강(시범강의)을 보고싶다고 하셔서 준비해서 갔다.

원장님과 부원장님께서 내 시강을 보시고, 한 달간 훈련을 받으면 이후에 강사로 써주겠다고 하셨다. 그 한 달 동안 월급 없이 매일 내가 다른 주제로 시강을 하면, 부원장님께서 의견을 주신 뒤에 부원장님도 같은 주제로 시강을 보여주셨다. 그때 당시 강의 경력은 없지만, 내 생각에는 영어를 가르칠 줄 안다고 생각한 데다가, 당장 돈이 급한 때에 한 달간 월급도 없이 배우는 것이 조금은 억울했다.

지금 생각하면, 그때 20년 강의 경력이 있는 부원장

님께서 무료로 가르쳐주셔서 정말 감사하다. 그 덕분에 다른 초보 영어 선생님들보다 2~3년은 앞서 나갈 수 있었다.

몸이 아파 그 학원에서 오래 일하지는 못했다. 이후에도 일곱 군데의 학원에서 더 일했다. 학원 일은 원장, 학생, 부모님 마음에 모두 들어야 하므로, 어느 한쪽에 문제가 생기면 짤리게 된다. 또는 노동 강도에 비해서 급여가 너무 적을 때는 오래 버티지 못했다.

👑 보습학원은 내신 위주로 가르치고, 어학원은 실력 위주로 가르친다. 내신이 아무리 좋아도 고등학생 때 실력이 없으면 뒤쳐지게 된다. 결국 기본 실력을 키우는 것이 더 중요하다. 사실 학원보다는 선생님에 따라 좌우 되는 것이 크지만, 그래도 영어만 본다면 어학원 쪽이 더 낫다.

한 학년에 여러반이 있는 학원이 좋다. 한 반인 경우에는 수준별로 나눠져 있지 않아서 효율이 많이 떨어진다. 당연히 학교별로 나누면 안되고 수준별로 나눠야 한다. 학교도 마찬가지이다. 실력이 다른 학생을 한반에서 같이 수업하는 것이 오히려 차별이다.

과외에서 만난 학생들

소속된 학원이 없을 때는 영어 과외를 했다. 다양한 연령대의 학생을 가르쳤는데, 그중엔 영어를 죽도록 하기 싫어하고, 게임만 좋아하는 고등학생도 있었다. 그 학생의 부모께서 가르쳐달라고 사정했다. 나는 학생이 너무 싫어하니 과외비 만큼 용돈을 주는 것은 어떻겠냐고 제안했다. 학생이 그 제안을 받아들이고 과외를 시작했다.

♕ 그 학생은 기본기가 많이 부족했다. 학교 교과서를 예습하면서 남은 시간에 <두가지 영어>(현재 개정판은 <6시간에 끝내는 생활영어 회화천사>)로 기본 실력을 키웠다. 학생은 영어가 점점 재미있어진다고 했다.

그런데 하루는 과외하러 갔는데 학생이 없었다. 과외 시간을 어기고 밖에 나간 것이었다. 그래서 학생이 올 때까지 4시간을 기다렸다. 학생을 만나서 다시 한번 이런 일이 있으면 더는 가르치지 않겠다고 했다.

　　그런데 한 번 더 그런 일이 있었다. 내가 그렇게 재미없게 가르치나 싶은 자괴감도 들었다. 학생에게 미안했지만, 재미있는 일만 하기에도 인생은 **짧다**고 말해주고는 과외를 그만뒀다. 다행이라면, 1년 뒤에 그 학생은 다시 공부를 열심히 했다고 한다.

👑 공부 머리가 많이 부족한 중학생도 있었다. 그 학생의 수준에 맞는 독해집을 4~5회 반복해서 해석시키는 방법으로 해석법과 어휘를 익혀줬는데(구체적인 방법은 p.144), have to를 30번 이상 '~해야 한다'로 알려줬음에도 'have to'해석에서 막힐 정도로 암기력이나 이해력이 부족한 학생이었다. 스스로도 답답해하는 것이 참 안타까웠다.

그 학생이 아무리 열심히 해도 공부로는 인생에서 성공하기 힘들 것 같았다. 열심히 가르쳐서 운좋게 서울 안에 있는 대학교에 간다고 하더라도, 대학교를 가기 위한 노력과 대학교에서 보내는 시간, 학비는 엄청나다. 졸업하면 20대 후반이 될텐데, 차라리 일찍부터 적성에 맞는 다른 일을 하면 스스로도 더 즐겁고, 행복한 삶을 살 수 있을 것 같았다.

👑 직접 가르침을 받고 꾸준히 성적이 오르는 것을 알

게 되면 선생님이 좋다고 판단할 수 있다. 하지만 배워보지 않은 상태에서 과외 선생님이 좋은지 판단하기는 어렵다. 하지만 몇가지 참고 자료를 제시한다면, 1.여러 과목 아닌 선생님(예를 들어 '수학, 영어' 말고 수학만) < 2.명문대 < 3.본인이 직접 광고한 것 < 4.학생인지 졸업생인지 < 5.전공생 < 6.학원경력 2년이상 < 7.실적

실적이 가장 믿을 만 하고, 그다음 학원경력이다. 여러 과목이 아닌 선생님이 가장 덜 중요하다.

1.한 과목만 가르치는 선생님

여러 과목을 가르친다는 것은 다른 말로 하면 한 과목도 제대로 못 가르친다는 뜻일 수도 있다. 특히나 학년이 올라갈수록 수업준비를 안 하면 전공생이라도 풀기 어려운 문제가 종종 등장한다. 그 문제를 학생의 수준에 맞추어 설명할 수 있도록 매번 준비해가기란 어렵다.

2.명문대생

공부를 잘해본 사람이 공부를 잘 할 수 있게 만든다

는 것은 당연한 이야기이다. 명문대 학생(혹은 졸업생)이라면 적어도 공부를 잘해봤고, 어떻게 해야 공부를 잘 하는지 아는 경우가 많다. 다만, 공부를 못해본 적이 없다는 게 공부를 못하는 학생의 마음을 이해하기 어렵고, 그 학생의 수준에 맞춰서 설명하기는 더 어려울 수 있다.

3. 본인이 직접 광고한 것

대부분 과외 대행사를 통하는 과외는 중간 소개가 있기 때문에, 수수료를 떼먹기도 하고 선생님도 검증하기 어렵다. 과외비가 싸다고 무조건 좋은 게 아니다. 돈을 내고 배운다는 것은 돈을 낸 만큼 시간을 절약하는 것인데, 시간을 절약하기는커녕 낭비하게 된다면 안 하니만 못할 수 있다. 어떤 선생님은 제대로 가르치지도 않고, 약속 시간을 잘 안 지키는 선생님도 있다. 선불로 과외비를 받고는 흐지부지 중간에 그만두기도 한다. 되도록 자신의 이름을 밝히고 (가능하다면 졸업학교와 사진까지 밝힌 과외 광고라면 더 좋다.) 직접 광고를 한 사람은 책임감이 있을 확률이 높다.

4. 학생인지 졸업생인지

1~2학년보다는 3~4학년이 낮고 3~4학년보다는 졸업생이 나을 확률이 높다. 물론 1,2학년들 중에서도 뛰어난 선생님이 있겠지만, 대부분 용돈벌이로 혹은 재미 삼아 하는 선생님도 있다. 3,4학년들은 취업 준비 때문에 바쁘지만 상대적으로 성실한 경우가 많다. 아이를 얼마나 과외 시킬 것인지, 어느 수준까지 실력을 올리는데 선생님께서 책임져 주셨으면 하는지를 결정하면 된다.

5.전공생

명문대생보다는 전공생이 낫다. 영어 과외는 영어 전공생이, 수학 과외는 수학 전공생이 가르치면 가르치는 선생님도 명쾌하고, 열정적으로 가르치는 경우가 많다. 어떤 학문을 전공했다는 것은, 그 학문을 통달했다는 의미라기보다, 어느 선까지는 궁금한 부분을 직접 찾아서 해결할 수 있다는 의미라고 생각한다.

6.학원 경력 2년 이상

과외 선생님이 학원선생님은 될 수 없지만, 학원선생님은 과외선생님이 될 수 있다. 학원에서는 1:다수로 강의해야 하므로 더 어렵다. 그리고 학원은 못하면 퇴출되는 세계기 때문에, 그 방면에서 2년 이상의 경력을 쌓았다는 것은, 자신만의 노하우가 있는 것이다.

중학생을 가르친다면, 중학생 대상의 학원에서 가르친 선생님이 더 좋고, 고등학생을 가르친다면 고등학교 대상의 학원에서 가르친 선생님이 더 좋다. 그리고 초등학생 가르치던 선생님이 고등학생을 가르치는 건 어렵지만, 고등학생을 가르치던 선생님이 초등학생을 가르치는 것은 가능하다. 물론 초등학생을 가르치던 선생님이 초등학생을 가르치는 게 더 이상적이다. 단지 강의의 내용만 중요한 게 아니라, 학생의 생각을 이해하고 공감하고 하는 것도 중요하기 때문이다.

7.실적

몇 등급의 학생을 얼마 만에 몇 등급으로 올렸다는

구체적인 실적이 많이 있는 선생님이라면 더 믿을 수 있다. 물론 과거에 학생의 성적이 오르게끔 한 구체적인 실적이 있다면, 다시 그렇게 할 수 있는 확률이 높다. 어떤 성적과 학년의 학생들을 가르쳐 본 선생님인지 봐야 하고, 기왕이면 못하는 학생을 잘하게 만든 선생님이 더 좋다. 2~3등급을 1등급으로 만드는 것 보다, 6~7등급을 2~3등급으로 만들기가 더 어렵기 때문이다.

책

영어책 추천

TOP 4

영어책을 집필한 계기

첫 영어학원에서 1달간의 훈련이 끝날 무렵 부원장님께 '어떻게 해야 부원장님처럼 좋은 강의를 할 수 있습니까?'라고 묻자, '학원에서 강의를 준비하는 때 말고, 평상시에 항상 영어에 대해 고민해야 한다'라고 말씀하셨다. 이후에 언제 어디서든 어떻게 영어를 전달할까에 대해 고민했다.

3년이 흐르자 나만의 강의가 생겼다. 기존 문법과는 많이 달랐다. 내가 영어 때문에 고생한 시간이 많았기에, 더욱 한국인 입장에서, 학습자 입장에서 설명할 수 있었다. 자신감을 갖고 4개월간 책을 집필했고, 내가 아는 가장 쉽고 빠르게 영어를 공부할 수 있는 내용을 담고 있었다.

그 책을 실제 학생들이 얼마나 이해할 수 있는지 궁금했다. 그래서 근처 아파트에 전단을 붙였다. 내용은 하루 1시간 수업으로 1달 만에 영어를 전체적으로 볼 수 있게 해주고, 영어를 쉽게 만들겠다는 것이었다. 약 7명의 학생이 모였고, 1:1로 7명을 가르쳤다. 반응은 폭발적이었고, 7명 모두 더 배우고 싶어 했다.

그 책을 출판사에 보내 봤다. 약 30~40군데의 출판사였는데, 절반 정도는 답장이 없었고, 절반 정도는 자신들의 출간 방향과 맞지 않는다는 내용이었다. 내가 영어를 쉽게 배웠다면 이쯤에서 포기했을 것이다. 하지만 나는 확신이 있었다. 나처럼 영어 때문에 고생스러운 시간을 보내는 학생들이 안타까웠다. 사명감이라는 거창한 단어가 어울릴지는 모르겠지만, 그런 비슷한 감정이 있었다.

👑 대부분의 작가는 책의 목차와 1~2챕터를 집필해서 출판사에 연락한다. 하지만 나는 항상 책을 끝까지 다 집필한 뒤에 책 전체를 출판사에 보냈는데, 내 방식이 더 옳다고 생각한다.

그 이유는 목차와 한두 챕터로는 그 책의 진정한 가치를 보여주기 어려워서 계약이 성사되기 어렵다. 게다가 새로운 챕터를 집필할 때 출판사의 간섭이 심할 확률이 높다. 물론 그 결과로 더 좋은 책이 만들어 지면 좋겠지만, 차라리 다 완성한 뒤에 수정을 하는 편이 자신이 전달하고자 하는 핵심 내용을 덜 손상시킨다.

출판업계 사람들은 지식인들 중에서도 최전방에 있는 사람들이다. 자존심이 강해서 약간의 컨셉과 내용을 베끼기는 해도 대놓고 베끼는 경우는 잘 없다. 원고 전체를 보여준다고 해도 표절하는 경우는 많지 않다.

영
어
책

추
천

이후에 운 좋게 북디자인을 배우고, 컨셉을 잡아서 책을 만든 뒤에 출판사에 보냈을 때는 출판사들 반응이 좋았다. 상당히 많은 출판사에서 연락이 왔는데, 의리상 먼저 연락 온 출판사와 계약을 했다. 첫 출판사가 한 권만 계약하고 싶어 해서 두번째 책은 다른 출판사에서 출간됐다.

　참고로 <1시간에 끝내는 영어발음>은 7%, <두가지 영어(개정판이 6시간에 끝내는 생활영어 회화천사)>는 10% 인세로 계약했다. 쉽게 말해 10% 인세면 책 가격이 만원일 때 저자가 천원을 가져가는 것이다. 책을 계약하긴 했지만, 정말 출간될지에 대해서는 반신반의했다. 가족들 외에 어디에도 이야기하지 않았다.

　이후 3개월간 시간이 날 때마다 최선을 다해 원고를 다듬었다. 각각의 책이 내 인생의 마지막 책이 될지도 모른다는 생각으로 혼신의 힘을 다했다. 가끔 출판사의 편집자들과 의견이 맞지 않을 때는 가능한 한 맞춰줬다. 내가 진짜 아니라고 생각하는 부분은 나 역시 강하게 의견을 냈다. 책이 출간되고는 출판사에 맞췄던 것이 옳았다고 생각한다. 나보다는 출판에 경험이 많았고, 덕분에 원래의 원고보다 높은 수준으로 책이 나올 수 있었다.

흔히들 책이 태어나는 것은 자식이 태어나는 것과 비슷하다고 한다. 책이 나오기까지의 고통과 책이 나왔을 때의 기쁨을 보면 비슷한 점이 많다. 나 역시 첫 책이 나왔을 때 신께 감사하다고 천 번은 기도드렸다. 책이 나오기까지의 고생과 노력은 경험해 본 사람만이 안다. 자기가 잘 쓴다고 해서, 또는 잘났다고 해서 책을 쓸 수 있는 것도, 낼 수 있는 것도 아니다. 신께서 도와주셔야 한다. 종교가 없는 사람을 위해 다르게 표현한다면 '운이 좋아야 한다'. 이에 관한 이야기는 <돈꿈사>에서 더 자세하게 하겠다.

👑 저자가 되는 방법을 짧게만 조언해 준다면, '사명감'을 갖고 끝까지 집필한 후에, 가능한 한 많은 출판사에 '원고 전체'를 넣는 것이다.

<1시간에 끝내는 영어발음>은 3쇄를 찍었고, <두자기영어>는 1쇄밖에 못 찍었다. 보통 1,000부~3,000부를 인쇄하는데, 그게 다 팔려봤자 저자가 가져가는 돈은 백만 원~3백만 원이다. 한 권의 책을 집필하는 데 걸리는 4개월~1년의 시간에 비하면 극히 적은 금액이다.

영어책 추천

'강수정 영어학원'에서 공무원 학생들을 가르칠 때였다. 학생 때 영어를 포기했던 경찰학생이 독해책을 추천해달라고 했다. 그런데 시중의 독해책은 마음에 드는 게 없었다.

대부분 그냥 '독해지문'만 있는 책이거나, '해석법(구문론)'만 있는 책이거나 했다. 그 역시도 '한글화'된 지문과 해석법이라 실제로 쓰는 데는 문제가 많았다. 해석법을 실제 지문에 적용하기까지도 시간이 오래 걸리지만, 더 큰 문제는 해석이 가능할지언정 독해 속도는 엄청 느려진다.

그래서 직접 집필하기로 마음먹었다. 그 경찰 학생이 단기간에 실력을 올릴 수 있는 독해책을 만들고 싶었다. 그 학원을 그만두고 약 1년간 특정한 수입 없이 독해책을 집필했다. 수능 19년치(20회)를 모두 풀어보고 그 안에 담긴 어휘와 문법을 분석했다. 모든 어휘의 출제횟수를 분석하고(약 7000단어), 같은 문법이 많이 들어간 지문들을 골랐다.

👑 수능을 준비한다면 4회 이상 출제된 어휘는 모두 알아야 한다. 하지만 3회 이하 출제된 어휘 대부분은 몰라도 된다. 다르게 말하면, 출제자도 학생이 모를

것이라고 예상을 하고 출제한 어휘이다. 그 4회 이상 출제된 어휘를 모두 알려면 약 6회 정도의 수능 기출문제의 모든 어휘를 익히면 된다. <나쁜 수능영어(현재 절판)>에도 그 정도 분량의 문제가 들어있다.

그렇게 6개월의 집필로 책이 어느 정도 완성된 상태에서 출판사를 알아봤다. 2권의 저자이지만 2권 모두 잘 팔리지 않았기 때문에(<1시간에 끝내는 영어발음>만 3쇄), 처음 책을 내는 저자와 크게 다르지 않았다. 다행히도 내 책의 가치를 알아봐 준 뛰어난 편집자와 출판사(위즈덤하우스)가 있었기에 <나쁜 수능영어>가 출간될 수 있었다.

이 책이 잘 되면, 문제풀이에 초점을 맞춘 수능 독해 책도 출간하려고 했는데, <나쁜 수능영어>도 잘 팔리지 않았다. 1쇄 3천 부를 겨우 팔았을 정도이다. 물론 내가 유명 강사도 아니고, 돈이 많은 것도 아니었다. 어떤 지역 기반이 있었던 것도 아니다.

1년간 그 책으로 강의하려고 여러 학원을 알아봤지만, 대형학원은 이미 강의하는 선생님들이 있었고, 중형 학원들온 니를 부담스러워 했다. 소형학원들은 내가 가고 싶지 않았다. 결국 소형학원 3군데에서 이 책으로 강의를 할 수 있었다. 학생들이 기하급수 적으로 늘지는 않았다.

👑 학원 강사를 꿈꾼다면, 명확한 대상(초등학생이라면 초등학생만)에 명확한 지역(강북구, 강남구 등)이 필요하다. 그리고 꾸준히 그 지역의 그 대상에게만 강의하면 인지도가 쌓이고, 그 인지도를 바탕으로 점차 학생도 늘고, 관련된 다른 일도 할 수 있다.

예를 들면, 온라인 강의, 방송 강의, 작가 등으로도 활동할 수 있다. 그렇게 되기위해 가능하면 자신만의 특기(문법, 독해, 듣기 등)가 있어야 한다.

학원 선생님은 이직을 많이 한다. 학원을 그만두고 같은 지역에서 강의하지 않으면(강의하면 학생들이 옮겨와서 그 학원에 피해가 되니까) 계속 떠돌게 된다. 그것이 30대 중반 넘어서까지 강사 생활하는 사람이 드문 이유이다.

학생을 아끼고, 수업을 열심히 준비해서 수업하는 선생님들이 생각만큼 많지 않다. 아이들이 뒤처지면 뒤처지게 놔두지, 근무시간 외에까지 남아서 그 학생이 알 때까지 가르치고 퇴근하는 강사들은 잘 없다.

일과 학생에 열정을 갖고 꾸준히 연구한다면 경쟁에서 살아남을 만하다. 그리고 가르치는 일이 힘들기는 해도 적성에 맞으면 보람 있는 일이다. 딱 3년만 지나면 자신이 어느 수준인지 스스로 판단할 수 있을 것이다.

결혼과 동시에 <나쁜 수능영어>가 출간됐다. 당시 나는 직업이 없었다. 신혼여행 이후에 파트로 영어 강의할 수 있는 곳을 알아보면서, 북디자이너로 외주를 받아서 일했다.

하루에 5만원 이상만 준다면 어떤 일이든 마다하지 않고(나쁜 일은 제외) 아르바이트를 했다. 그렇게 해도 집에 갖다 주는 돈은 110만 원 가량이었다. 이 돈으로 전세자금을 내고, 공과금을 내면 생활비로는 턱없이 부족했다. 양가 부모님께서 음식을 보내주셔서 먹고, 최대한 긴축해서 생활했다.

내가 새로운 책을 내고 싶다고 했을 때, 양가 부모님을 비롯한 모든 사람은 반대했다. 앞서 3권이 다 망했기 때문이다. 그래서 출간 이후 1년간 이 책 수입의 평균이 150만 원이 넘지 않는다면 더 이상 책을 쓰지 않겠다고 하고 책 쓰는 것을 아내에게 허락받았다. 영어학원에서 강사로 파트(주2~3일)로 일하면서 남은 시간에는 책 쓰는 데에 집중했다.

무엇보다 타 출판사에서 출간한 3권의 책이 왜 안 팔렸는지 고민했다. 대부분의 사람들은 영어책을 사서 앞에 10장 정도를 읽고는 책장에 꽂고 다시는 보지 않는다. 책의 내용이 좋고 나쁘고는 상관이 없다. 물론 독자의 의지가 부족해서라고 생각할 수도 있을 것이다. 그런데 나는 책의 문제가 더 크다고 생각했다. 내 책 3권 역시 계속 보고 싶게 만드는 특별한 책은 아니었다.

이후에는 어떻게 독자 스스로 끝까지 읽을 수 있을까를 고민했다. 그 질문이 사람들은 정말 무엇을 좋아하는가로 바뀌었다. 한국 사람들은 바로 '영화'를 좋아한다. 한국은 세계 6위의 영화 시장이다. (2016년 기준 1위: 미국, 2위: 중국, 3위:일본, 4위:인도, 5위:영국, 6위:한국)이다. 그래서 영화 중에서도 진짜 재미있는 영화로 영어공부하는 책을 만들고 싶었다. 영화를 통해 영어를 진짜로 익힐 수 있게 하는 책을 만들고 싶었다.

👑 평점 9.0을 넘는 영화가 240편가량 되는데, 그 영화들을 다 보고, 명대사 2400개를 모았다. 그 명대사

를 내가 가르치는 문법 패턴 방식으로 분류한 다음, 더 좋은 대사를 뽑아 한 권에 240개를 넣었다. 1분에 1문장씩 영작한다면, 4시간에 끝낼 수 있는 <4시간에 끝내는 영화영작>이다.

영화의 맥락 안에서 명대사를 즐기면서 영어 실력까지 올릴 수 있는 유일한 책이다. 영화를 봤다면 잊을 수 없는 문장에 문법 패턴을 입혔다. 다만, 한글 문장의 표현이 영작에 덜 맞춰져 있기 때문에 초보자들이 영작하기에는 조금 어려울 수도 있다. 그래도 5명 중 1명은 끝까지 읽었을 것이고, 영어에 자신감을 갖게 됐고, 분명히 마이클리시의 팬이 됐으리라 믿는다.

이 책이 출간된 지 3개월 이후 수입이 150만원 이하로 내려간 적은 한번도 없다. <4시간에 끝내는 영화영작: 기본패턴> 이후에 영화영작의 시리즈로 <응용패턴>과 <완성패턴>도 출간됐다.

영어책 추천

영어를 가르치면서 사람들이 영어를 공부하는 이유가 궁금했다. 점수 따기 위해 영어 공부하는 성인은 많지 않다. 점수 따기 위한 공부라고 할지언정 나중에 써먹으려고 공부한다. 그래서 **영어를 잘하게 된다면** 무엇을 하고 싶은지를 설문 조사했다. 약 450분께서 응답해주셨고, 150분가량이 **해외 자유여행**을 말씀하셨다. 주관식 설문조사였기에 150분이면 상당히 높은 수치이다.

여행영어 책이 필요한 분들은 영어를 잘 못 하는 분들이 많다. 영어를 읽기조차 어렵다. 하지만 시중의 여행영어 책들은 대부분 **상황별**로 문장이 나열되어있다. 그 문장을 익힐 수 있는 수준이 아니기에, 결국 그 책을 들고 여행하지만, 매번 그 책을 펼쳐보고 대화할 수도 없고, 책을 펼쳐도 원하는 뜻이 없기도 하다.

그래서 시중의 여행 영어책 4권을 보면서, 어려운 표현은 쉬운 표현으로 바꿔서 모았다. 그리고 그 표현 중에 가장 많이 쓰는 8가지 표현만을 모아 <8문장으로 끝내는 유럽여행 영어회화>를 만들었다. 유럽이 주제인 이유는 유럽여행 에세이가 흘러나오는 중간에 한나라에서 한 표현씩 총 8표현을 익힐 수 있기 때문이다.

표현마다 20번에서 50번을 반복하므로 이 책을 한 두 번만 보면 누구나 여행하는데 필요한 회화 상당 부분을 익힐 수 있다. 그 이상의 표현은 여행영어 책으로는 사실상 큰 의미가 없다. 차라리 실력을 키워주는 영어책을 보는 것이 낫다.

또한 여행 앱 소개, ATM사용법, 한영사전, 영한사전, 치수변환 등 20여가지 부록으로 누구나 자유여행 할 수 있다.

갑자기 책 광고해서 한편으로는 미안하지만, 이 책에서 소개하는 영어공부법을 실현할 수 있는 구체적인 훈련은 저서에 담겨있기 때문에 활용하면 도움이 될 것이다.

생크림 케이크를 한번 먹으면 버터크림 케이크는 먹기 싫은 것처럼, 제대로 된 책으로 재미있게 공부하고 나면 재미없는 책은 보기 싫어진다.

영 어 책 추 천

영어발음 때문에 웃음거리가 됐던 나를 생각하며 만든 <2시간에 끝내는 한글영어 발음천사>도 출간했다. <1시간에 끝내는 영어발음>이 알파벳 기준으로 발음기호를 익힌뒤에 어려운 발음기호를 익힌다면, <2시간에 끝내는 한글영어 발음천사>는 한글 기준으로 알파벳과 같은 발음기호를 익힌 뒤에, 어려운 발음은 비교를 통해서 익히는 책이다. 더 쉽게 익힐 수 있다.

원어민MP3와 5시간 상당의 무료 강의가 있는데 (goo.gl/8id6df), 알파벳도 어려워하셨던 어머니께 가르치는 내용이기 때문에, 그 강의를 통해 배우거나, 비슷한 방식으로 학생들을 가르쳐도 좋다. 이 책보다 정확한 영어 발음을 위해서는 녹음해서 스스로 확인하거나, 누군가가 교정해주는 방법밖에는 없다.

<4시간에 끝내는 영화영작>이 어렵다는 분을 위해, 더 쉽게 문법패턴을 익히는 책도 출간했다. 원어민의 일상회화 90%가량을 해결하는 1004어휘 중심으로 미드 명문장을 뽑았다. 그 명문장을 문법 패턴화해서 40년간 영어와 담쌓으신 어머니와 2년간 강의해서 무료로 올렸다(goo.gl/8idf6df). 제목은 <8시간에 끝내는 미드천사>이다. 1권은 <왕초보패턴>이고 2권은 <기초회화패턴>인데, 이 두 권만으로 영어를 전체적으로 볼 수 있게 한다.

영어를 겨우 읽는 정도의 분들부터, 해석은 하지만 영작은 거의 못 하는 중학교 2~3학년 학생들까지 볼 수 있다. 이 책만 제대로 해도 수능 볼 때까지 영어 때문에 고생할 일은 없을 것이다. 수능 수준까지 가르치고 있지는 않지만, 영어를 전체적으로 볼 수 있게 되면, 어떤 영어강의를 들어도 쉽게 이해할 수 있게 된다.

생활영어 회화천사

어머니께서 좀 더 많은 문장을 접하기 위해, <두가지영어>에 **生活영어**를 입힌 <6시간에 끝내는 생활영어 회화천사>도 출간했다. <두가지영어>는 가장 쉬운 35개의 단어만을 사용해서 한국어와 영어의 차이(goo.gl/p576xq)인 구조를 익히는 책이다. 하지만 너무 쉽다 보니, 읽어보면 이미 아는 내용으로 생각돼서 잘 안팔렸다. 하지만 읽고 해석할 수 있는 문장과 말할 수 있는 문장의 수준은 완전히 다르다. 그래서 좀 더 난이도가 있는 생활영어 표현을 담아서 보다 실전적으로 개정 증보한 것이다.

이 책을 만들기 위해 수십 년간 출간된 생화 영어책 대부분을 보고, 그중에 그나마 좋은 15권을 골랐다. 스테디 셀러로 유명한 책들부터 엄마표 영어, 공무원 영어 등 다양하게 있다. 그 책들 안의 약 20,000문장을 읽으면서 과거에 자주 썼거나 들은 문장 4,000개를 일일이 타이핑했다. 그것을 내 방식의 문법 패턴으로 분류하고 더 좋은 문장 1,004개를 두 권에 나눠 담았다.

어머니께서는 2015년 여름부터 일주일에 한 번 배우셨는데, 지금은 곧잘 하신다. 2018년 초에는 꽤 잘하시리라 본다. <생활영어 회화천사: 5형식/준동사>와 <생활영어 회화천사:전치사/접속사/조동사/의문문>을 끝냈다. 지금은 <TOP10 연설문>을 공부하고 계신다. 앞으로 두 권 정도 끝내시면 자막 없이 영화나 미드를 보셔도 웬만큼 이해하시는 수준이 되실 것이다.

영어책 추천

가장 최근에 출간된 책은, <영어명언 다이어리 2018>이다. **다이어리+영어패턴+명언+질문이 합쳐진 책으로, 10년간 읽은 수백 권의 책과 4천 개의 명언에서 뽑고 뽑은 문장을** 매주 한가지 문법을 주제로 명언을 배울 수 있는 책이다.

다이어리로 활용할 수 있게 만들어서, 작심삼일을 극복할 수밖에 없는 책이다. 게다가, 색깔별로 품사를 정해 놨기 때문에, 힌트를 한글의 색깔을 보고 같은 색깔의 빈칸에 넣으면 누구나 쉽게 영작할 수 있다. 이 책은 <6시간에 끝내는 생활영어 회화천사>나 <4시간에 끝내는 영화영작>의 수준의 독자분들이 보기에 적절하다.

책의 순서는 여행,발음→미드천사→생활영어 회화천사→영화영작→(잠언)→TOP10 연설문이다. 영어 발음이 어렵거나 처음 영어를 공부하시는 분은 <유럽여행>과 <발음천사>를, 중학생 수준의 일상회화가 어렵다면 <미드천사>를, 중학생 영어 수준의 일상회화가 문제가 없다면 <생활영어 회화천사>, 고등학생이나 대학생 수준은 <영화영작>을 추천한다. 영어 실력이 좀 있는데 회화만 부족한 것이라면 <미드

천사>에서 바로 <영화영작>으로 넘어가도 좋다.

여기서 중학생 수준이란 게 진짜 중학생의 영어 실력이라 기보다는, 문장 구사 능력이 중학교 교과서에 나오는 수준을 말한다. 중학교 영어 교과서를 다 외우고 이해한다고 할지라도, 중학교 영어 수준의 회화를 하는 것은 불가능하다. 현실에서는 그 방식대로 상황이 흘러가는 경우도 드물고, 똑같은 표현이라도 실제로 그 상황에 닥쳐서 연습해보지는 않았기 때문에 무용지물이다.

출판사 이름은 마이클리시인데, 내 영문 이름인 마이크와 잉글리시(Mike+English)를 합친 것이다. 사훈은 **즐거운 영어, 올바른 성품**이다. 쉽고 재미있게 영어를 공부하고, 지혜롭게 세상을 살 수 있었으면 하는 마음으로 만든 것이다.

마이클리시에서는 기존에 없던 최고의 책이 아니면 출간하지 않는다. 비슷한 책을 살짝만(혹은 제목만) 바꿔서 출간하지 않는다. 돈을 바라보고 거짓 제목이나 거짓 광고하지 않는다. 한 권의 배신이 출판사와 나에 대한 불신으로 이어진다고 믿기에, 적어도 책만큼은 비교 불가능하게 만든다.

내가 겪은 시행착오, 그리고 수백명의 일반사람, 전공자, 외국인들에게 물어봤던 영어공부법을 적용시켜서 만든 책들이다. 물론, 시중에도 좋은 책들이 많다. 그 책들은 p.70에서 추천한다.

영어에 관한 모든 궁금한 점은 miklish.com 카페에서 답변해드린다. 늦어도 3일 내에는 답변해드리며, 영어자료, 공부법, 무료강의(goo.gl/8id6df), MP3등 영어 공부에 필요한 모든 것을 제공하기 위해 노력하고 있다.

내 인생 전체를 돌아보면, 하나님(여호와)께서 이끌어주셨다고 믿는다. 진심으로 감사드린다. 만약 미래를 미리 알고 고생했다면, 좀 더 편하게는 할 수 있었어도 이렇게 열심히 하지는 못했을 것이다. 이 정도 수준까지 되는데 아마 2배 이상 걸렸을 것이다. 밑바닥부터 처절하게 영어를 배우고 디자인을 배우고, 출판사를 했다. 배우기 위해 나쁜 짓만 아니면 뭐든지 할 각오가 돼 있었다. 아니, 죄송하게도, 나쁜 짓조차 내 양심이 용납할 만큼이라면 했던 것 같다. 어떻게 살았고, 어떻게 살아야 하는지는 <돈꿈사>에서 다룬다.

영어책을 잘 고르려면, 영어를 전체적으로 볼 수 있어야 하고, 자신이 어떤 부분이 부족한지를 알아야 한다. 그 부족한 부분을 채워주는 책을 사야 하기 때문이다. 영어를 잘 못하는 사람들은 두 가지 모두 모른다. 그래서 느낌이 좋은 것, 주변에서 추천해주는 것, 많이 팔리는 것 등을 산다. 그리고는 20페이지도 제대로 못 읽고 다시 영어공부가 하고 싶을 때쯤 다시 새로운 책을 사서 공부한다.

온라인상에서 많이 팔리는 책을 사는 것도 나쁘지는 않다. 다만 주의해야 할 점은, 출간된지 3개월 내의 책보다는 1년 이상된 책을 사는 것이 유리하다. 단기간은 마케팅이나 과장 광고로 판매할 수 있지만, 장기적으로 익혀지지 않는 책으로 속이기는 어렵다.

매장에서 보고 사면 더 좋다. 실제로 자신의 수준에 맞는지, 책의 중간이나 뒷부분도 이해가 되게 설명해놨는지 봐야 한다. 1시간 이상, 가능하면 2~3시간 이상 그 책을 보고, 끝까지 읽을 수 있겠다고 결론이 섰을 때 사는 것이 시간을 아끼는 길이다. 만약 10분 이상은 지루해서 못 보면, 분명히 구매해도 끝까지 못 읽는다. 책에는 상당히 많은 내용이 들어있기 때문에, 어떤 책이든 책을 사서 한 번이라도 끝까지 본다면, 본전 이상의 가치는 한 것이다.

서점의 매대에는 많이 팔리는 책을 놓기도 하지만, 광고 중이기 때문에 올려놓은 책들도 섞여 있다. 가능하면 매대가 아니라 책장에 꽂혀있는 책 중에 더 좋은 책이 있을 확률이 높다.

최근에는 무료강의가 들어있는 책들도 많다. 기왕이면 강의가 있는 것이 낫고, 궁금한 점을 해결해줄 수 있는 통로(마이클리시는 miklish.com)가 있으면 더 좋다.

영어책을 잘 공부하려면, 한 권을 반복해서 봐야 한다. 새로운 책을 사는 것보다, 자신이 과거에 끝까지 봤던 책을 다시 반복하는 것이 좋다.

자신이 가장 많이 공부한 책이 중고등학교 교과서일 수도 있고, 토익 이론서일 수도 있다. 시작은 그 책부터 하는 것을 추천한다. 출판사가 달라도 안 되고, 자신이 봤던 그 문장과 그 어휘를 상기시켜줄 수 있는 바로 그 책을 다시 봐야 한다.

그리고 반복해서 봐야 할 책과 참고만 할 책을 구분해야 한다. 모든 책을 다 익힐 수 없다. 참고하는 책은 마치 사전보듯 필요할 때만 보고, 평소에는 멀리한다.

영어책을 볼 때 완벽하게 이해하지 않아도 좋다. 대충대충 여러 번 보다 보면 이해가 안 되던 것들도 이해가 된다.

다음 페이지에서는 영어책을 추천해준다. 수준을 칼로 자르듯 나눌 수는 없지만, '입문'은 영어의 알파벳도 모르는 분, '초급'은 중학교 영어 수준, '중급'은 고등학교 영어 수준, '고급'은 대학교 영어 수준으로 보면 된다.

문법책 추천

Grammar in use intermediate(중고급): 영어책 중에 딱 한 권만 반복해서 평생 계속 보겠다는 사람이 있다면, <그래머인유즈>를 추천한다. 나는 대학생 때 영문법 교재로 봤다. 3번 넘게 봤고, 이후에 학생들을 가르치면서도 여러 번 다시 샀다. 총 3단계(basic, intermediate, advance)가 있는데, intermediate를 추천한다. basic은 내용이 편협해서 아쉽고, advance는 저자가 다르다. 워낙 유명한 책이라 찾아보면 유료, 무료 강의도 있다. intermediate는 내용이 좀 딱딱하고, 예문이 어려운데, 그 점을 보완한 것이 내 책 <4시간에 끝내는 영화영작>이다. 이 책 역시 쉽진 않지만, <그래머인유즈>에 비하면 훨씬 쉽고 재미있다. 내 책 중에 딱 한 권만 반복해서 보겠다면, <4시간에 끝내는 영화영작: 기본패턴>을 추천한다.

Practical English Usage(중고급): must와 have to의 차이는 뭘까? 원어민이 보기에는 어색한 영어 표현은 어떤 것이 있을까? 총 658페이지. 다 보려고 하지 말자.

16~19페이지(붉은 바탕의 페이지)를 보면, 학생의 수준별로 많이 틀리는 문장들이 모여있다. 이중에서 해당하는 것을 표시하고, 그 부분만 읽는다. 그리고 나중에 궁금한 것 있을 때 뒷부분의 색인을 활용해서 그때그때 찾아보면 된다. 좀 더 자연스러운 영어를 쓰고 싶은 분들께 강력 추천!

굿바이 그래머(입문): 동화로 영어 문법을 익히는 책인데 상당히 신선하다. 나처럼 직접 강의하고, 집필하는 Mr.Sun 선생님이 쓴 책이다. 이분의 책은 컨셉이 특이하고, 편집이 괜찮다. 보통 제 2외국어쪽 책들이 많다. 영어책들은 재정가를 하면서 가격이 너무 낮아져서 책을 통한 수익은 적을 것 같다.

60일 완성 기적의 기초 영문법(절판,초중급): 팝송 문장을 통한 영문법! 상당히 특이한 컨셉이다. 박코치라는 분인데, 나처럼 성인영어를 가르치는 분이다. 내용이 상당히 알차다(어찌 보면 너무 많다) CD에는 60곡의 팝송을 담고 있다.

어법끝 5.0(수능,중급): 내가 고등학생들을 가르쳤을 때, 수능 어법 책 중에 그나마 좋은 책이었다. 기본기가 있는 학생이라면, 어법끝에 기출문제 분석한 책(자이스토리 어법) 한 권 정도면 수능 문법 문제는 어느정도 해결된다.

파워그래머(중고급): 강수정 선생님의 야심작(Feat. Mike Hwang)! 한국의 대부분의 문법책이 '구문론' 중심이라면, 이 책은 언어의 다른 기둥인 '의미론'을 중심으로 설명한다. 예를 들면, 동사 뒤에는 '동사+ing'만 쓰고, 'to+동사'만 쓸까에 대해서 이유를 '의미론'으로 답을 준다. 난이도가 높아서 중고급자나 영어 가르치는 분들께 추천한다. 참고로 본문은 내가 디자인했다.

중학 영문법 3800제(초중급): 학원이나 공부방에서 가르치기 좋은 책. 반복해서 훈련하다보면 문법의 원리를 익힐 수 있다. 양이 많고 반복적이라 무식하게 생각될 수도 있지만, 수준별로 좋은 문제로 구성돼있고, 특히 내신 대비에 효과적이다.

잠언 영어성경(저서,중급): 세상에서 가장 지혜롭다는 솔로몬의 지혜와 익히는 직독 직해. 점점 빨라지는 원어민 MP3와 PDF 파일로 받아쓰기 연습을 할 수 있다.

TOP10 연설문(저서,중고급): 내용이 좋아 재미있게 익힐 수 있고, 인생을 살아가는데 에도 큰 도움이 된다. 직독직해와 받아쓰기 로 독해와 리스닝을 같이 공부할 수 있다.

나쁜 수능영어(절판, 저서, 중고급): 내가 심혈을 기울인 작품. 나중에 개정 증보할 생각이다. 사실상 고등학교 영어독해는 이 거 하나면 끝난다.

리딩튜터(초중급): 지문의 내용이 좋고, 각 책의 난이도 구분도 잘 돼있있다. 무난하다. 중학생용인 주니어 리딩튜터와 고등학생용 인 리딩튜터로 나눠져있다.

쭉쭉 읽어라(초중급): 왼쪽은 지문, 오른쪽은 해석이다. 내가 선호하는 방식의 독해 편집이다. 다만, 직독직해가 내 방식보다는 의역에 가깝다.

일본에서 1000만 부 팔린 영문독해 연구법 (중급): 맨투맨(문법책) 방식의 구문론이랄까. 일본책답게 분석적이다. 직독직해가 아니라 아쉽지만, 한 번쯤 볼만하다.

영어순해(고급): 어투가 딱딱하고 문법 용어가 많아서 일반 사람들이 읽기는 쉽지 않다. 구문론을 좀 더 파고 싶은 사람들은 읽어볼만 하다. 시리즈로 쉽게 나온 basic 버전도 있고, 문맥순해라는 내용 파악에 대한 책도 있다.

잠언 영어성경(초중급): 빨라지는 원어민 MP3와 제공되는 PDF 파일로 빈칸 받아쓰기 연습을 할 수 있다.

TOP10 연설문(저서,중급): 내용이 정말 좋아서 시간 가는 줄 모른다. 문장을 받아쓰도록 집필하려다가, 대다수의 학습자분들이 연설문 한 개도 못 끝내고 포기하실 것 같아서 빈칸 넣는 방식으로 만들었다.

4시간에 끝내는 영화영작(중고급): 듣기 책으로도 활용할 수 있다. 명대사를 받아쓰는 것이라 실감 난다. 한번 영작해봤던 대사들을 받아쓰는 것이라 할만하다.

CNN슈퍼스타 20인을 인터뷰 하다(중고급): 나는 CNN을 받아쓰면서 영어듣기를 익혔다. 그때 공부했던 책보다 쉽고, 중고급 수준의 학습사들이 가볍고 재미있게 볼 수 있다.

영 어 책 추 천

8시간에 끝내는 기초영어 미드천사(저서, 초급): 내가 아는 가장 쉽고 가장 빠른 방법에 검증됐다. 누구나 익힐 수 있다. 표현만 익히고 끝나는 것이 아니라, 말할 수 있을 때까지 무료강의로 훈련시켜준다. 강의는 goo.gl/8id6df 에서 들을 수 있다. miklish. com 에서 질문답변이 가능하다.

6시간에 끝내는 생활영어 회화천사(저서, 초중급): 생활영어 회화표현을 분석해서 더 좋은 것들만 문법 패턴으로 익힐 수 있다. 마이클리시 책이므로 무료강의, 질문답변이 가능하다.

마이클리시가 아니라 다른 방식을 원한다면, KBS 라디오의 <굿모닝팝스,(중급)>도 좋고, EBS에서 나온 책들도 무료강의가 있어서 좋다.

영어회화책으로 최근 몇 년 새에 가장 인기 있었던 책은 <일빵빵,(초중급)>시리즈였다. 팟캐스트 무료강의를 제공한다. 한두 개 들어봤는데 쉽고, 재미있게 잘 가르쳐주신다.

최근에 가장 잘팔렸던 책은 <**영어회화 100일의 기적(초중급)**>이다. <영어책 한 권 외워봤니?>라는 영어공부법 책에서 추천해서 많이 팔린 것으로 알고 있다.

<**사용빈도 1억 영어회화 표현(중급)**>도 올해 많이 팔렸다. 미국에서 오래 사신 분이고, 강의도 많이 하신다.

기타(발음, 여행, 팝송 등) 추천

2시간에 끝내는 한글영어 발음천사(입문): 대부분의 발음책은 이미 발음할 줄 아는 사람이 더 잘 발음하게 하는 것이라면, 이 책은 영어를 아예 못 읽는 사람이 최단시간에 읽을 수 있게 한다. 4시간 30분의 무료강의 제공. CD제공,한정특가 7390원!

8문장으로 끝내는 유럽여행 영어회화(입문): 말이 필요 없다. 여행영어는 이 정도 수준이면 충분하고, 이 이상의 수준은 여행영어 책으로 익히는 것이 의미가 없다고 생각한다.

국가대표 유럽 5개국어 여행회화(초급): 현재까지 나온 유럽 다개국어 여행회화 책 중에서 그나마 제일 낫다. 미녀들의 수다에 출연했던 성우진을 쓴다든지, 휴대폰으로 들을 수 있게 한다든지 신경을 많이 쓴 부분이 곳곳에 보인다. 이 책에는 5개국어(영어 스페인어 프랑스어 독일어 이탈리아어)를 담고 있다.

말문이 빵 터지는 엄마표 생활영어(초중급): 적당한 두께에 꼭 필요한 표현들을 담았다. 자녀에게 영어 한마디씩 건네고 싶다면 볼만하다. CD 제공, 세이펜 활용 가능.

아이러브 팝스 잉글리시(초중급): 팝송 안의 영어 구문과 어휘뿐 아니라, 노래와 가수 이야기도 담고 있다. 특히 수록된 팝송이 좋은 곡이 많다. 👑

수능·토익·공무원

합격비법

합격

TOP 5

어떤 시험이나, 약 절반은 본인 탓, 나머지 절반은 선생님, 학원, 교재 탓이다. 잠깐 알아보고 잘못된 선택을 해서 수년을 낭비하면 안된다.

어떤 시험이든 시험 준비 기간의 약 1/10 정도는 자신에게 맞는 교재와 선생님을 찾는 데 주력해야 한다. 최대한 많이 알아보고, 마음을 정했으면 강의 수강 후 1~2달 내에 계속할지 말지를 판단한다. 계속하겠다고 마음먹었으면 선생님을 바꾸지 않고 적어도 1년에서 길게는 2~3년간 그 선생님 수업만 들어야 한다. 다른 선생님 수업으로 바꾸면, 다시 처음부터 그 선생님 방식으로 영어의 개념을 다시 잡아야 하기 때문이다.

시험을 준비할 때 쉬운 것→어려운 것. 비중이 큰 것→비중이 작은 것, 이론→문제풀이 순서로 시험을 준비한다.

수능에서 쉬운 것은 '듣기'인데, 읽기보다는 듣기 위주로 먼저 공부하고, 이후에 읽기를 공부한다. 물론 같이 공부해도 상관없다. 비중이 큰 것은 독해, 비중이 적은 것은 문법이기 때문에, 독해에 필요한 문법(구문론, 독해법 p.144)을 배우는 것은 좋지만, 문법 문제를 위한 문법은 나중에 한다.

영어이론(독해법, 문법)을 먼저 배운 뒤에 문제 풀이로 들어간다. 예를 들어, 고등학교 3년을 계획한다면, 고등학교 1학년 때는 이론7:문제3, 2학년 때는 이론3:문제7, 3학년 때는 문제10 이런 식이다. 1년을 계획한다면, 1~3월은 이론10, 4~6월은 이론5:문제5, 7~10월은 문제10 이런 방식이 효과적이다.

수능 듣기를 공부한다면, 자신의 수준에 적절한 책으로 한 단원을 풀고, 이후에 틀린 문제 전체 문장을 받아쓰는데, 한 문장씩 반복해서 들으면서 받아쓰고 따라 말한다. 다음은 그것보다 높은 난이도의 문제집도 같은 방식으로 공부한다. 왜냐하면, 빠른 영어에 익숙해질수록 수능 영어는 느리게 들린다. 이런 식으로 3개월~6개월만 하면 수능 듣기는 웬만하면 다 맞는다.

독해할 때 한글식으로 해석하면 여러 번 읽게 된다.

영어식으로 해석하면 앞에서부터 한 번에 해석할 수 있다.
⇒p.144

제대로 해석할 수 있게 된 다음에는 내용의 흐름을 읽는 게 중요한데, 이때는 중요한 단어만 표시(밑줄이나 동그라미)를 하면서 요지를 파악해야 한다. 자신이 표시한 단어가 정말 중요한 단어인지는 중요하지 않다. 문장 전체를 기억할 수는 없으므로, 다만 단어만 표시해서 기억하는 것이다. ⇒p.158

문법 부분은 이론만 배워서는 의미가 없고, 문제에 익숙해져야 한다. 2개의 단어 중에 하나를 선택할 때, 그 단어의 품사에 따라 어떤 부분을 봐야하는지 정해져 있다. 그래서 문제에 익숙하지 않으면 초보자들은 문법을 알아도 풀 수 없는 경우가 많다.

토익 합격 비법

시간이 있다면 6개월가량 영어회화 기본 실력을 먼저 쌓고 (p.112), 토익 공부하는 것을 추천한다. 왜냐하면 토익 점수가 높아도 말하기 쓰기를 할 수 없다면, 다시 처음부터 영어를 공부해야 되기 때문이다. 반면에, 말하기 쓰기부터 일정 수준 이상 해 놓는다면, 어떤 시험을 준비해도 더 쉽고 재미있게 준비할 수 있다. 이론이나 시험을 위해 준비하더라도, 말하기에 도움이 된다.

준비 기간이 6개월이라면, 2개월은 영어회화, 문법 공부로 기본실력을 쌓고 나머지 시간에 토익을 공부한다. 3개월 동안 토익이론을 공부하면서 매달 1회씩 모의고사를 풀고, 마지막 1달간은 부족한 부분만 이론을 보고, 기출문제 위주로 공부한다. 기출문제를 매일 혹은 2~3일에 한 번씩 풀어본다.

준비 기간이 3개월 이하면 토익만 공부한다. 2개월은 토익 공부를, 1개월은 기출문제 위주로 공부한다.

토익에서 쉬운 것은 part1, 2, 5인데, 먼저 기본 이론을 배운 뒤에, 이 부분을 집중적으로 공략한다. part1, 2는 문제집 한두 권만 외우면 웬만큼 다 맞는다. part1, 2의 대부분은 정해진 표현이 또 출제되는 것이므로, 자신이 외운

문장으로 대부분 맞출 수 있다. part3,4는 듣는 실력도 중요하다.

part5는 기본 이론을 정리한 뒤에 각 이론과 관련된 문제를 많이 풀어봐야 한다. 풀다보면 문제마다 물어보는 실제 요지가 파악된다. 예를 들면 빈칸에 들어갈 말은 무엇인가?라는 질문의 보기를 보면 실제 질문은 형용사 자리인가 부사 자리인가?라는 질문이다. 예를 들면 I am (happy/happily). 문제에서는 be동사(am) 다음에는 보어자리이기 때문에 happy가 맞다. 마찬가지로, I (met/meet) him yesterday. 이 문장의 질문은 사실 현재시제인가 과거시제인가?이다. yesterday가 있으므로 met이 정답이다. 800점이상을 노린다면 '오답노트'를 만들어서 자주 틀리는 문법의 문제를 틀리지 않도록 해야한다.

part6는 앞뒤만 보고 풀기보다는, 전체 문장을 빠르게 해석하면서 푸는 것이 좋다.

part7은 실력이 되면, 보기를 먼저 읽고 문제를 푼다. 한 지문에 문제가 2개라면, 지문에서도 순서대로 해결되는 경우가 90% 이상이다. 처음에 나온 문제는 윗부분에 답이 있고, 두 번째 문제는 첫 번째 지문이 해결된 이후에 답이 나온다. 답이 나오면 바로 다음 문제로 넘어가야 한다.

신분증은 꼭 갖고 가야 하고, 수험표는 없어도 된다. 다만 수험표가 있으면 답안을 적어올 때 좋다. 보통 당일, 늦어도 다음날에는 관련 카페나 사이트에 답안이 올라온다.

시험지가 나오고 문제가 시작되기까지 2~3분 동안 part3,4의 지문을 미리 읽어놓거나, part5~7의 문제를 미리 풀어놔도 좋다. 시험지에 낙서하지 말라는 안내방송이 나오는데, 낙서해도 전혀 문제 없다.

2B연필로 푸는 것이 표시할 때 샤프보다 빨라서 좋다. LC의 part1,2는 OMR에 직접 풀고, part3,4는 시험지에 풀고 옮겨 적는 편이 낫다.

토익 시험장마다 오디오 환경이 다르다. 에어컨이나 히터가 없는 곳도 있다. 인기 있는 시험장은 빨리 마감된다. 나는 고사장보다는 자리가 중요했다. 스피커 바로 앞자리는 귀가 아프긴 해도 잘 들려서 선호했다. 더 자세한 내용은 해커스의 고사장 정보 goo.gl/6ntht6 에서 확인해본다.

공무원 시험 과목 중에 영어가 가장 어렵다. 약 1~2년은 영어만 공부해서 영어부터 최소 60점 이상을 만들어 놓고, 다른 과목을 공부하는 것이 좋다. 영어는 밑 빠진 독에 물 붓기라 1시간씩 10년 공부보다 10시간씩 1년 공부가 훨씬 빠르다. 마찬가지로 다른 공부를 하면서 하루에 1~2시간 영어를 공부하는 것보다는 4시간~10시간씩 영어만 공부하는 것이 좋다.

　　　9급 공무원 영어의 수준은 영어 부전공자 수준이다. 토익으로는 800 정도이다. 9급 공무원 영어는 워낙 방대하기 때문에 어렵다. 일부 독해문제가 약간 쉽게 나오기는 하지만, 전반적으로 어렵다. 어휘도 어려운 어휘들도 섞여서 나온다. 어휘나 문법보다는 독해 비중이 크지만, 독해하려면 어휘와 문법도 알아야 하기에 독해만 공부할 수도 없다.

　　　결국 이론→문제풀이의 순서로 공부를 하는데, 문법+어휘→독해로 넘어가는 것이 좋다. 어휘만 공부하는 것이 지루하거나 어렵다면, 어휘를 건너뛰고 독해로 가도 되지만, 최소한의 어휘(고등학교 수준 5000개 가량)은 알고 있어야 독해 지문을 해석하면서 지문 속에서 어휘를 익힐 수 있다(p.138). 최소한의 어휘를 모른다면, 모르는 어휘 찾아가면서 해석해야 하는데, 어려운 데다가 상당한 시간이 소모가 된다. 차라리 중고등학교 독해집(<나쁜 수능영어> 등)을 반복 해석해서 어휘를 익히고(p.138), 이후에 공무원 영어로 넘어오는 것을 추천한다.

공무원 시험의 **문법**은 문제가 정형화 되어있다기보다(최근에는 정형화된 편이지만) 다양하게 출제되기 때문에, 다 맞추기는 어렵다. 그래도 기본 문법이 탄탄하면 전공생이 아닌 사람들도 절반 정도는(보통 2~5문제 출제) 맞출 수 있다.

기술직 공무원이나 특채로 뽑는 경우, 시험 보는 과목 수가 적고 합격선이 낮아서 한두 달 만에 합격하는 경우도 많이 봤다.

경찰 공무원 합격 비법

경찰공무원 영어는 문법 문제를 제외하면 수능영어 수준이다. 실제로 수능 문제가 출제된 적도 있었다. 수능 1~2등급인 학생들은 어휘, 문법만 조금 공부하면 독학으로도 합격할 수 있다.

고등학생 때 잘 못 했던 학생들은 기본 문법과 구문론을 익혀서(p.112, 164) 영어 실력을 끌어 올려서 적어도 40점은 맞출 수 있게 된 이후에 본격적인 경찰영어 준비를 하는 것을 추천한다. 내 책 중에서는 <6시간에 끝내는 생활영어 회화천사>를 추천한다.

앞서 말했듯, 자신에게 맞는 선생님을 고르는데 시간을 많이 투자해야 한다. 경찰 공무원은 영어를 제외한 대부분의 과목에 대세인 선생님들이 정해져 있는데, 그분들 수업에서 합격자도 가장 많이 나온다고 한다. 👑

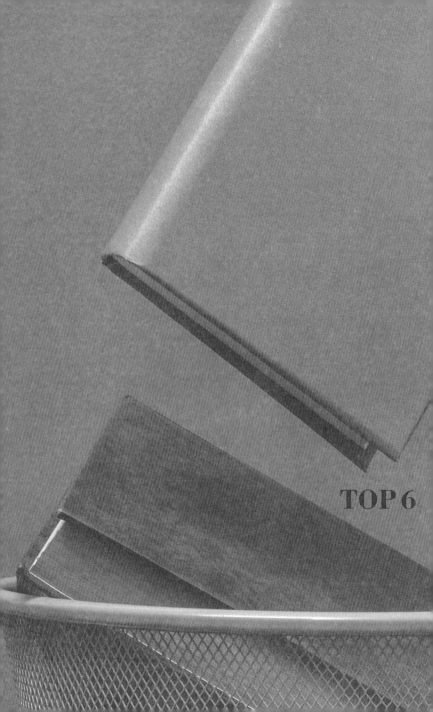

TOP 6

단어장을 처음부터 끝까지 보고, 어휘를 익힌 사람은 50명 중 한 명 정도이다. 단어장은 버리자. 알고 있는 단어가 얼마나 되는지 확인하려고 단어장을 보는 것은 좋다. 단어장으로 단어를 암기하는 것은 잘 외워지지 않는다.

자신이 모르는 단어가 많을수록 집중이 더 안 된다. 그래서 어떤 사람은 자신이 알고 있는 단어가 70%가 넘는 단어를 보라고 한다. 그러나 이미 70%나 아는 단어장을 익히는 것은 비효율적이다.

👑 단어장 활용 비법

1 단어장을 볼 때는 오랜 시간 보기보다는 짧은 시간을 여러 번 보는 것이 효과적이다. (에빙하우스 망각곡선 p.9)

2 아는 단어는 지워야 한다. 아는 것을 반복하는 시간은 되도록 줄이고, 모르는 것에만 집중해서 단어장을 보는 것이 좋다.

3 단어를 외울 때 일반적인 상상을 하면 기억에 남지 않는다. 단어와 관련해서 좀 더 과장된, 과격한 상상을 해야 한다. 사람들은 충격적인 장면을 봤을 때 보

다 쉽게 기억한다. 일부러 단어와 관련된 충격적인 장면을 상상하면서 외우면 더 쉽게 기억한다.

4   단어를 외울 때, 자신이 많이 알고 있는 것과 관련된 단어는 쉽게 외워지고, 자신이 잘 모르는 분야는 잘 외워지지 않는다. 단어와 관련된 생각이 클 수록 더 쉽게 외워진다. 단어만 달랑 외우는 것보다는, 문장 안에서 외우는 게 더 잘 외워지고, 단락 안에서 외우는 건 더 잘 외워진다.

👑 독해지문을 통해서 단어를 외우는 것을 추천한다. (p.73)자신의 수준에 맞는 독해집을 사서, 반복 해석 하다 보면 그 책의 단어를 다 알게 된다. 그렇게 몇 권만 반복해서 보면 모르는 단어가 거의 없다. 독해 지문을 고를 때 모르는 단어가 5개 정도면 적당하다. 3개면 쉽고, 7개면 어렵다.

독해집이 아니라 원서(영한대역 등)를 사서 반복해서 보는 것도 좋다. 그런데 일부 아동용 책을 제외하고는 원서의 수준이 대부분 아주 높다. 아동용 책은 내용이 짧아서 어휘

실력 향상에 큰 도움이 되지 않는다.

마이클리시에서는 독해 공부할 수 있는 책으로 단문 수준에서는 <잠언 영어성경>, 장문으로는 <TOP10 연설문>이 있다. 앞으로 다른 직독직해 책들도 출간될 예정이다.

실력이 된다면 영영사전을 추천한다. 영영사전은 <롱맨 액티브 스터디 사전 Longman Active Study Dictionary>이 좋다. 간략하면서도 꼭 필요한 설명만 쉽게(3000단어로만) 설명해놨기 때문에 영어에 어느 정도 익숙해진 학습자가 보기 좋다. 이 사전은 아니지만 롱맨 사전을 능률출판사에서 번역한 한글로 된 롱맨 영한사전도 있다.

처음에는 영영사전이 더 어렵게 느껴지지만, 익숙해지면 더 쉽다. 영영사전은 더 많이 쓰는 뜻이 먼저 소개되어 있으며, 단어가 좀 더 구체적으로 설명되어있다. 예를 들어, 영한사전은 'eat'를 '먹다'로 소개한다면, 영영사전에서는 '음식을 입에 넣어서, 씹고 삼키는 것(to put in your mouth and chew and swallow it)'이라고 설명한다.

롱맨 사전을 인터넷으로 검색할 때는 ldoceonline. com/ko 에서 하면 된다. 나는 네이버의 어학사전(endic. naver.com)을 선호하는데, 과거에 가장 유명한 옥스포드 한영사전과 콜린스 코빌드 영영사전이 첫 페이지 기본 사전으로 나온다. 이것만으로도 대부분 해결이 된다. 더 많은 사전을 원한다면, 현대어나 속어는 urbandictionary.com 에 있다. thefreedictionary.com은 내용이 많아서 좋다. 영어의 어원은 etymonline.com을 추천한다.

일반적으로 초등학교 과정이 800단어, 중학교 과정이 2천 단어, 고등학교 과정이 5천 단어(초, 중학교 것과 합치면 7천 단어), 편입이나 공무원 과정이 1만~1만 5천 단어(이전 것들과 합치면 약 2만 단어) 정도가 된다.

영어회화에 모르면 안 되는 단어는 1,000단어, 꼭 필요한 단어는 약 3천 단어 정도이다. 원어민의 일상회화 89%가 1,000단어로 해결되고, 94%가 3,000단어로 해결된다. 그런데 3천 단어를 안다고 다 쓸 수 있는 것은 아니다. 알고 있는 단어와 활용할 수 있는 단어의 수는 완전히 다르다. 3천 단어를 아는 사람이 그중에 1,000단어를 활용하기도 어렵다. 그래서 7천 단어~만 단어는 알아야 그나마 3천 단어를 활용할 수 있다.

단어장을 버리자

20대 초반에 각종 게임을 즐겼는데, 모바일 게임도 많았다. 그중에는 <영어 뇌습격(당시 2500원)>이라는 컴투스 게임이 있었다. 간단하면서도 적절한 난이도에, 흥미를 끄는 요소들이 있었고, 잊을 만 하면 반복돼서 단어 익히기에 참 좋은 게임이었다. 2200개의 단어와 660개의 문장표현을 담고 있다. 실제 수능영어에 큰 도움이 됐다는 편지도 받았다고 한다.

중학생들을 가르칠 때 학원에서 방학 때, 영어 뇌습격을 일정이상 진행하면 문화상품권을 주는 이벤트를 했었다. 참여율은 높지 않았지만, 참여한 학생들에게는 큰 도움이 됐을 것이다.

수십만 원의 단어 학습기보다 훨씬 좋다고 생각한다. 재미 요소와 쌍방향성(틀렸던 단어가 다시 반복되는 등)을 가지고 있기 때문이다. 아쉽게도 2G 휴대폰(옛날 휴대폰)으로만 개발이 돼서, 요즘의 휴대폰으로는 할 수 없다.

컴투스 관계자분들, 혹은 전명진 개발자님 다시 개발할 생각은 없으신가요? 국제시장까지 본다면 꽤 괜찮을 것 같은데요. 일본 N사 영어게임보다 훨씬 낫습니다.

단어책을 안 보는 것이 가장 좋다고 했지만, 그래도 보고 싶다면, 암기할 수 있을 만한 어떤 요소가 있는 것이 좋다. 그리고 자신에게 맞는 스타일의 책을 하나만 골라서 5번 ~20번 반복해서 읽어야 한다.

경선식 영단어(초중고급): 연상암기법 한 우물만 거의 20년 가까이 파고 계신다. 예를 들면, sullen을 여자 나이 '서른'이면 '우울하다'로 설명하시는 분이다. 물론 이렇게 말이 되는 단어들이 30%라면, 70%는 억지스러운 부분도 있었다. 지금은 많이 개정, 보완이 되지 않았을까? 자신의 방식에 맞는다면 추천해주고 싶다.

강수정 파워워드(초중고급): 영어의 본질에 충실한 강의를 하시는데, 이 책도 영어 단어 자체에 흥미를 갖게 해준다. 무료강의를 제공한다. 총 3권인데, 1권(중등), 2권(고등), 3권(공무원, 편입, 토익토플)으로 나뉘어 있다.

단
어
장
을

버
리
자

강수정 이디엄 회화특강(중급): 숙어책이
다. 수화를 활용한 전치사의 어감이 인상적
이다. Youtube에 12개의 무료강의 제공.

보카툰(초중급): 이말년 등 유명 웹툰 작가
들이 그렸다. 한글 스토리가 흘러가는 중간
에 영어단어들이 등장하고, 그 영어단어를
암기했는지 확인 문제도 있다. 문제는 안
풀어도 좋다. 어떤 책이든 끝까지 보기만 한
다면 그 값어치 이상은 이미 했다는 것이다.
만화여서 끝까지 보기 쉽다.

무나투나 영단어(초중급): 보카툰처럼 쉬운
영단어를 '스토리'와 함께 익힐 수 있다. 이
런류의 책들이 예전에 많았는데, 한번쯤 볼
만하다.

마이클리시에서도 2018년 중하순에 단어책을 출간할 계
획이다.

 보카인 스토리(중급): 위에 소개한 보카툰이나 무나투나 영단어 방식(한글 스토리+영단어)이 좋다면 이 책도 좋아할 것이다. 좀 더 어려운(수능수준) 단어들을 담고 있다.

 내 영단어장을 공개합니다(절판,중급): 노트 정리는 남의 것을 보면 큰 의미가 없다. 노트 자체의 의미보다 그 노트를 보고 연상되는 것들이 중요하기 때문이다. 이 책은 동의어 반의어 등을 박스와 선을 활용해서 마인드맵처럼 해놔서 한번쯤 볼만하다.

 듀오 3.3 Root(초중급): 단어와 숙어가 겹치지 않는 560문장. 단어장의 문장은 잘 안 보게 되는데, 애초에 문장에서 단어를 익힐 수 있다는 것이 장점. 한 문장에서 여러 단어를 익힌다. 연습문제가 빠진 light 버전과 초등학생용인 basic 버전도 있다.👑

인

어린 왕
읽는 이유

여
러

번

읽
는

이
유

To send the 5 students to go to the best University, the high school is managed by the other 95 students' tuition.

이 문장을 해석하려고 하면, 먼저 To send the 5 students to go to the best University에서 '보낸다 5명 간다 그 최고의 대학에' 5명이 간다는 것인가? 5명이 보낸다는 것인가? 이어지는 문장에서 the high school is managed by the other 95 students' tuition. '그 고등학교는 운영된다 95학생들의 학비에 의해.' 아, 그 고등학교는 95학생들의 학비에 의해 운영된다는 뜻이구나. 그러면 처음부터 해석하면 5학생들을 보내기 위해 그 최고의 대학에, 아, 5학생들을 그 최고의 대학에 보내기 위해서 그 고등학교는 95학생들의 학비에 의해 운영된다는 뜻이구나. 하고 알게 된다.

아주 어려운 문장이 아님에도, 잘 못 하는 학생은 위에서 설명한 것보다 더 여러 번 읽고, 그래도 잘 해석하지 못하게 된다. 한국말로 자연스럽게 영어를 해석하려면 여러번 읽을 수밖에 없다. 문장이 길어지면 길어질수록 해석은 불가능하다.

👑 영어는 그 자리에서 바로바로 올바른 조사를 붙여가며 해석해야 한다. 먼저 to부정사는 목적어(무엇을) 자리에서 '~하는 것'으로 가장 많이 해석되지만, 문장 앞으로 오면 대부분 '~하기 위해'이다. 그래서 '보내기 위해/ 그 5명의 학생을/ 그 최고의 대학에' 그리고 그 고등학교는 운영된다/ 그 다른 95학생의 학비에 의해. 이렇게 앞에서부터 끊어 읽으며 적절한 조사를 붙여서 해석하는 것이 직독직해이다. 이렇게 해석하면, 영어식으로 이해할 수 있다. 해석 속도도 점점 빨라지고, 자연스럽게 영어회화와 듣기 실력도 늘어난다.⇒p.152

영어 읽을거리는 위키피디아(en.wikipedia.org)를 추천한다. 한국 연예인부터 세상의 거의 모든 것에 대해 영어로 볼 수 있다.

재미있는 뉴스는 CNN(cnn.com)이나 허핑턴포스트(huffingtonpost.com)를 추천한다.

여러 번 읽는 이유

지문이 기억에 남으려면

직독직해를 익숙하게 해도, 익숙하지 않은 내용을 해석하면 머릿속에 남지 않는다. 결국 풀기위해 다시 읽어야 한다. 반면에 자신에게 익숙한 내용을 읽으면, 읽고 나서도 기억이 난다. 하지만 전혀 모르는 내용을 읽을 때는 그 글의 의도를 파악하기 어렵다. 무슨 내용이 중요한지 모르면, 모든 내용을 다 기억하려고 한다. 그러나 문장을 한 번만 읽고 기억하는 것은 불가능하다.

♕ 직독직해에 익숙해진 다음에는, 중요한 단어를 표시하면서 읽어 나가야 한다. 표시하는 단어가 실제로 중요한 단어가 아니라도 상관없다. 주관적으로 생각하기에 중요한 단어를 표시해 나가면서 읽다 보면 내용의 흐름이 파악된다. 기억 속에 몇몇 단어와 요지는 남기 때문이다. 이 정도만 돼도 문제 푸는 데는 충분하다. 이렇게 핵심 단어를 통해 주제를 파악하면, 지문을 다시 읽더라도 필요한 부분만 읽을 수 있다. 앞으로는 모든 지문의 첫 문장에서 키워드(자신이 가장 궁금한 단어)를 표시하자. 첫 문장의 키워드를 찾기 위해 두세 번 읽어도 상관없다. 하지만 두 번

째 문장부터는 되도록 두 번 이상 읽는 것은 되도록 피하자. 독해 속도가 느려진다.

독해 문제의 80% 이상은 주제 파악이다. 시험에서 말하는 제목, 주제, 주장, 요지, 요약, 흐름, 순서, 목적, 추론, 분위기를 쉽게 풀어쓰면, 글 쓴 사람은 '왜' 이 글을 썼는지를 묻는 것이다. 빈칸 넣는 문제도 주제를 파악하면서 풀어야지, 그 문장이나 앞뒤 문장만 읽어서는 틀릴 확률이 높다. 그렇게 따지다 보면 결국 대부분의 독해문제는 주제 파악이다.

모든 문장 각각에는 글쓴이의 의도(왜!)가 있다. 하지만 읽는 입장에서 한두 문장만 자세히 보고 글 쓴 이유를 알기는 어렵다. 보통 첫 문장에는 답이 없고 힌트가 있으며, 두세 번째 문장에 답이 있는 경우가 많다.

다행히도, 지문에서 몇몇 문장은 중요하다고 알려주는 단어들이 있다. 이런 단어들의 뒤는 신경 써서 읽어야 한다. **반전 어휘**: but, however, yet, unfortunately, on the other hand, although, though / **강조어휘**: 최상급, 비교급, first, best, never, ever, very, just, only, must, have to, should, ought to, essential, exactly, new, now 👑

말

무료

원어민

영어회화

TOP 8

초중고, 대학생까지 약 10년간 열심히 영어를 공부해도, 원어민을 만나면 무슨 말을 하는지 알아들을 수 없다. 미드를 봐도 의미 파악이 전혀 안 된다.

영어가 들리지 않는 이유는 자신이 배운 단어의 절반 이상은 실제로 완전히 다르게 소리 나기 때문이다. 사람에 따라, 혹은 그 단어의 앞뒤에 어떤 단어가 오느냐에 따라 발음이 달라진다. 그러므로 단어를 눈으로 익히는 게 아니라 귀로도 익혀야 한다. 단어만 익혀서는 의미가 없고 문장과 맥락 안에서 익혀야만 기억하기도 쉽고 사용하기도 쉽다.

들을 줄 아는 사람도, 그 문장을 영작하려고 하면 잘 안 된다. 그 이유는 한국 영어교육은 독해 중심이기 때문이다. 말하기, 듣기, 쓰기는 부족하다. 토익 점수가 900이 넘어도 외국인과 대화는 전혀 다른 문제이다. 마치 장롱면허처럼 남에게 말하기 부끄러운 토익 자격증이 된다.

결국 직장 다니면서 남몰래 회화 학원에 다닌다. 하지만 직장 다니면서 회화학원 다니기가 쉽지 않다. 아침 일찍 일어나기도 어렵고, 녹초가 된 몸을 끌고 공부하러 가기도 쉽지 않다. 결국 2~3달 만에 포기한다.

말하기를 중급 이상 하려면(원하는 말을 자유롭게 할 수 있는 단계), 내가 가르치는 효율적인 방법으로도, 매일 1~2시간씩 6개월에서 2년가량을 써야 한다. 그만큼 하려면, 끈기도 중요하지만 계기가 있어야 한다. 계기가 없다면 '재미'라도 있어야 한다.

중급 단계가 되면 오래 쓰지 않아도 실력이 많이 낮아지지는 않는다. 다시 처음부터 배울 일은 없다. 몇달 연습하면 예전의 기량을 회복할 수 있다. 마치 수영을 6개월 이상 꾸준히 하면, 영법을 잊지 않는 것과 비슷하다.

영어회화의 가장 빠른 방법

가장 효율적인 방법은, 한국어와 영어의 차이를 알고 (p.162), 영어를 영어 그대로 받아들일 수 있게 되는 것이다. 나는 그것을 문법패턴이라고 한다(p.164). 문장 기반의 패턴은 수백, 수천 가지가 되지만, 문법기반으로 패턴을 연습하면 적게는 50패턴, 많게는 100패턴이면 끝난다.

한국인들은 오랜 영어 경험으로 가장 단순한 '주어-동사-목적어' 구조(I eat rice.)의 말과 '주어-비동사-보어' 구조(I am happy.)는 말할 수 있다. 누가 가르쳐줘서 이 구조의 말을 할 수 있게 된 게 아니라, 많은 문장을 접하다 보니 자연스럽게 스스로 깨우친 것이다.

왜 깨우치게 됐냐면, 영어 문장의 80%는 '주어-동사-목적어' 구조이기 때문이다. 워낙 많이 읽어봤기 때문에 제대로 설명을 들은 적이 없어도 그렇게 할 수 있다. 처음부터 '영어 문장은 '주어-동사-목적어(3형식)'로 되어있다'고 가르치고, 그 문장만 연습시켰다면 훨씬 쉽게 배울 수 있었을 것이다. 이 영어에서 가장 중요한 진리를 깨닫는 데에만도 몇 년이 걸린다.

나는 이 3형식 구조를 '누가-한다-무엇을' 구조라고 말한다. 그게 훨씬 하고 싶은 말을 만들기 편한 용어이기 때문이다. 예를 들면 '106년 이후의 미국에서 그녀는 미국이 어떻게 변할 수 있는지 알기 때문이다.' 이 문장에서 '목적어를 찾아라'라고 하면 시간이 걸리지만 '무엇을 아는 건데?'라고 물어보면 금방 찾을 수 있다. 답은 '어떻게 변할 수 있는지'이다.

to부정사라고 여러가지 용법을 다 많이 사용하는 것은 아닙니다. 70%는 '누가-한다-무엇을' 구조에서 '무엇을'자리에 사용한다. 뜻은 '~하는 것'을 의미한다. 그리고 20%는 '누가-한다-무엇을' 외의 위치에서 사용되는데, 뜻은 '~하기 위해'를 의미한다. 이렇게 90%가 해결되고 나면, 나머지 10%는 시간이 지나면 자연스럽게 이해할 수 있게 된다. 이처럼 많이 쓰는 문법 중심으로 2가지로 나눠 설명한 것이 <6시간에 끝내는 생활영어 회화 천사>이다.

말하는데 사용되는 문법 패턴들을 익힌 다음 그 안에서 단어만 교환하면 쉽게 영어를 익힐 수 있다. 기본 실력이 있는 사람이라면 3개월 만에도 웬만큼은 영어를 활용할 수 있다.

원어민이 긴 문장을 말하면, 한 문장이 길기보다는 짧은 문장이 여러 개가 붙어있는 경우가 많다. 단어도 1000단어면 89%가 해결되고 3000단어면 95%가 해결된다. 고등학교의 어휘 수준이 5천 단어 이상인 것을 보면, 말할 때 몰라서 이해가 안 되는 단어는 많지 않다.

다만, 자신이 알고 있는 단어와 사용할 수 있는 단어는 완전히 다르다. 마치 복사기로 스캔할 수 없는 것처럼, 읽고 머리로 이해하는 것과 머리로 생각하고 말로 내뱉는 것은 완전히 다르다. 일정 수준까지는 말해본 적이 있는 단어만 말할 수 있다.

'말해본 적이 있도록' 하기 위해 내 저서 대부분에는 원어민 MP3와 무료강의로 훈련할 수 있도록 집필이 되어 있다. 또는 쉐도잉 훈련(p.168)도 좋다. 또는 실제로 원어민을 만나서 말해봐도 좋다.

영어를 잘 모를 때는 원어민을 만나는 것이 두렵다가, 영어가 어느 정도 되면 원어민을 만나고 싶어진다. 앞서 말했듯 버스에서 처음 본 외국인에게 말을 걸기도 하고 국제캠프에도 몇 번 참여했다.

무료로 원어민과 이야기 하는 방법은 스카이프를 활

용하는 것이다. 스카이프를 설치한 뒤에, addmecontacts.com의 연락처를 활용해서 전화를 건다. 상대방이 접속 중이면 닉네임 앞에 live라고 써있다. 전화 걸기 전에 메시지를 보내서 허락을 받는 것이 예의이며, 한 사람에게만 연락하기 보다는 수십명에게 연락을 해야 걸린다. 그리고 특히 변태들이 많기 때문에 20세 미만의 어린 학생들에게는 절대 추천하지 않는다.

listchats.com에서도 외국인들의 연락처를 볼 수 있다. 스카이프는 물론, 야후, 구글, 스냅챗, MSN 등 대부분의 메신저를 사용하는 사용자를 찾을 수 있다.

돈을 주고 원어민과 통화할 수도 있다. '캠블리(cambly.com)' 사이트를 활용하면 비싸지 않은 가격에 실력이 검증된 원어민들에게 영어를 배울 수 있다.

원어민과 만남을 갖고 싶다면, 외국인 친구를 만나는 카페(cafe.naver.com/theenglishparty)를 이용하면 좋다. 개인적인 만남은 craiglist.com을 추천한다. 사이트의 모습은 볼품없어 보이지만, 세계에서 가장 많이 쓰는 사이트 17위에 랭크될 정도로 유명한 곳이다. 👑

듣

원어민의 속도로 듣기

TOP 9

피아노를 8년쯤 쳤을 때였다. 쇼팽 에튀드 등 어려운 곡을 치면 아무리 열심히 쳐도 하루 만에 해낼 수는 없다. 일주일쯤 반복해서 연습하면, 어느 순간부터 된다. 프로연주자들의 속도로 비슷하게 칠 수 있었다.

영어 듣기, 영어 말하기는 예체능이랑 비슷하다. 서서히 늘기 때문에 학습자가 실력이 느는 것을 알아채기 어렵다. 6개월 정도 지나고 과거를 돌이켜봤을 때, 실력이 는 것을 깨닫게 된다. 또는 과거에 듣기 어려웠던 것이 어느 순간 들리기 시작하면서 실력이 늘었다고 알게 된다.

한국에서 영어를 잘하게 된 사람들은 받아쓰기와 쉐도잉을 했다. 받아쓰기를 통해 자신이 현재 어떻게 듣고 있는지, 어떤 부분이 잘 안 들리는지를 확인한다. 그리고 따라 말하기(쉐도잉)를 통해 실제 원어민에 가깝게 듣고 말하는 법을 익힌다.

듣기 문제를 많이 푼다고 실력이 늘지는 않는다. 문제를 풀 때, 자신이 틀린 문제는 꼭 받아 써보고 따라 말해봐야 한다. 그리고 그 난이도에 익숙해지고, 쉬워지면 더 어려운 난이도의 문제를 풀어봐야 한다.

받아쓰기를 연습할 때, 들릴 때까지 반복해서 들어

야 한다. 아무리 들어도 무슨 소리인지 들리지 않는다면, 한글로라도 받아적는다 그리고 답을 보고 고친 뒤에 보면서 여러 번 따라 말한다. 원어민의 속도로 말할 수 있게 되면, 본문을 보지 않고 들리는 대로 따라 말한다(p.168). 이것을 쉐도잉이라고 한다.

받아쓰기와 쉐도잉 관련 저서는 TOP10 연설문이 있다. 받아쓰기 사이트로 ez-dictation.com를 추천한다. 빈칸만 채워넣으면 돼서 좋다. 어려운 받아쓰기 연습은 해커스 사이트에서 제공하는 AP뉴스(goo.gl/25qy8p)를 추천한다. 받아쓰기를 위해 만들어지지는 않았지만 TED, 연설문 등을 들을 수 있는 '리스닝드릴' 앱도 좋다.

직접 영상이나 소리를 받아서 재생시킬 때는 곰플레이어를 많이 쓰는데, 곰플레이어의 반복 시작 위치 키는 '[', 시작 끝 위치 키는 ']'이다. 반복 해제 키는 'W'이다. 재생속도를 느리게 하는 키는 'x', 빠르게 하는 것은 'c', 기본속도로 돌리는 것은 'z'를 누른다.

소리의 파형을 보면서 반복하거나, 빠르거나 느리게 편집하려면 '골드 웨이브'를 추천한다. 👑

영화

영화 영어공부

TOP 10

영화로 공부해서 성공한 사람은 찾기 어렵다. 대본을 보고 독해 식으로 공부하는 경우는 있어도, 실제로 영화를 반복해서 보고 성공한 경우는 거의 없다.

나는 영화로 여러 번 시도했지만, 항상 실패했다. 내가 실패했던 이유는, 기본기가 너무 없는데 영화로 공부했던 것이고, 내가 골랐던 영화나 미드의 수준이 상당히 높았기 때문이다. (사람에 따라 다르지만) 3년 이상 외국에서 공부했어도, 미드가 100% 들리지는 않는다.

정철 어학원을 끝내고 영어를 전공하면서 다시 영화 영어를 시작했다. 타잔을 20번 정도 봤는데 처음에는 '한글 자막'으로 2~3번, 이후에는 '영어자막'으로 5~7번, 나중에 10번 정도는 자막 없이 보다가 잘 이해가 안 되는 부분만 자막을 봤다.

영어를 어느 정도 공부한 사람이라면 영화나 미드로 공부할 수 있다. 실력이 빠르게 는다. 구체적으로 영어를 전공하는 중이거나, 토익이 800점이 넘는다면, 어학연수를 1년 이상 했다면, 영어자막으로 보는 것도 좋다. 이후에 자막 없이 보면서, 잘 안 들릴 경우에만 영어 자막을 키는 식으로 보면 된다. 가능하면 앞서 제안한 들리는 대로 말하면서(쉐도잉)잘 안 들리는 부분은 받아쓰기를 해가며 보면 더 좋다 (p.170).

영어를 못하는 사람이라면, 미드나 영화로 공부하는 것을 추천하지 않는다. 이 시기의 적절한 수준은 <텔레토비>나 <쎄서미 스트릿> 정도라고 생각한다. <블루스클루스>만 해도 난이도가 높다. 그리고 먼저 문법 패턴을 익힌 이후(p.164)에 미드나 영화로 익히는 것을 추천한다.

미드나 영화로 꼭 공부하고 싶다면, 쉽고 수십번 봐도 질리지 않을 만큼 좋아하는 영화를 선택해야 한다. 그리고 잘 못하는 사람들은 내가 타잔을 봤을 때처럼, 먼저 한글자막으로 본 다음, 영어자막으로 봐야 한다. 영어자막으로 볼 때는 같은 속도와 같은 억양으로 따라 말한다. 그러고 나서 자막 없이 보면서 들리는 대로 따라 말한다. 잘 들리지 않는 부분만 받아적고 영어자막으로 확인한다.

한편을 처음부터 끝까지 볼 수 있다면 그렇게 반복해서 봐도 좋고, 그게 어렵게 느껴진다면, 쪼개서(2~10분씩) 여러 번 반복해도 좋다.

영화 영상은 파일조(filejo.com)에서 구할 수 있다. 그리고 영화의 영어자막은 podnapisi.net에 대부분 있다.

수준별 평점 9.0 영화 추천

난이도 하

타잔

인간의 남자아이가 부모를 잃고 밀림의 고릴라 엄마의 손에서 키워진다. 인간 여자를 만나면서 사랑에 빠지는데(생략). / 고릴라 친구(터커)의 말이 빠르고, 중간에 어려운 어휘가 있지만, 전반적으로는 쉬운 편이다.

라이온 킹

사자 심바가 삼촌(스카)에게 아버지를 잃고 쫓겨났다가 왕이 된 삼촌에게 도전한다. / 일부 어려운 어휘도 있지만 전반적인 난이도는 쉽다. 음악이 압권.

이상한 나라의
앨리스

토끼를 따라 들어간 굴속에서 벌어지는 일. 특이한 캐릭터들이 주변의 인간상과 겹쳐지면서 많은 생각을 하게 한다. / 타잔이나 라이온 킹에 비해 난이도는 높지만 각 장면이 짧아서 좋다. 2018년 마이클리시에서 출간 예정!

난이도 하 추천: 니모를 찾아서, 겨울왕국, 라푼젤,

코렐라인, 업, 쿵푸팬더

난이도 중

빅

마음은 13살이지만, 변한 몸 때문에 30살의 삶을 살게 된다. 일이 잘 풀릴수록 걱정은 더해가는데(생략). / 스토리가 좋고, 특히 사장님과 함께 발로 치는 젓가락 행진곡이 인상적이다. 전반적인 난이도는 중간 정도.

포레스트 검프

아이큐 75에 시키는 대로만 하는 포레스트 검프. 대통령도 만나고, 탁구 챔피언이 되는 인상적인 삶을 산다. 사랑에도 성공할 수 있을까? / 느린 발음만큼 난이도는 중간 정도.

러브 액츄얼리

7가지 로맨틱 코미디가 담긴 종합선물 세트. 7가지 중에 적어도 하나는 자신의 상황과 공감이 되는 것이 있지 않을까? / 각 장면이 짧아서 영어 공부하기에 부담이 적다.

영화

노트북

할머니에게 이야기를 들려주는 한 남자. 복지사일까? 연인일까? 그들의 과거에 놀라운 일이 있었다. / 눈물 콧물 쫙빼는 아름다운 로맨스! 러브 액츄얼리 만큼은 아니지만, 장면이 짧은 편이다.

난이도 중 추천: 마틸다, 쥬만지, 길버트 그레이프, 레인맨, 빅 피쉬, 제리 맥과이어, 스쿨 오브 락

난이도 상

노팅힐

노팅힐의 작은 서점 주인과 여자배우가 사랑에 빠진다. 알고 보니 미국에는 남자친구가 있었다. 그들의 사랑은 이루어질 수 있을까? / 영화 영어공부로 가장 유명하다. 다만 영국식 발음이 많고, 난이도가 높다.

파 앤드 어웨이

전쟁 때문에 헤어진 연인. 남자는 고향으로 돌아갈 수 있을까? 여자는 남자를 기다릴 수 있을까? / 탐 크루즈과 니콜 키드먼의 가장 멋졌던 시절의 가장 멋졌던 영화. 반전도 압권. 다만 사투리가 많아서 듣기 어렵다.

흑인 소년에게 남몰래 문학을 가르치는 작가. 소년의 문학 실력이 늘어감에 따라 서로의 마음이 치유된다. 알고 보니 그 작가는 퓰리처 상을 받은 유명 작가였는데. / 영화 속에 세련되고 멋진 문학 표현들이 많다. 대신에 어려운 어휘가 많아서 어렵다.

파인딩
포레스터

난이도 상 추천: 경찰서를 털어라, 매디슨 카운티의 다리, 쇼생크 탈출, 타이타닉, 빌리 엘리어트

더 많은 영화 추천은 <4시간에 끝내는 영화영작>시리즈에 담겨있다. 평점 9.0이 넘는 영화 500편의 목록은 <4시간에 끝내는 영화영작:완성패턴>의 뒷부분 부록이나 마이클리시 카페의 자료실에 수록되어 있다.

내 실력이 가장 많이 늘었던 때는 바로 '미드(미국드라마)'를 보면서였다. 선생님께서 '한글 자막은 절대 보지 마라'라는 조언에 따라 자막 없이 3개월가량 온종일(10시간 이상) 집에서 미드만 봤다.

가장 많이 본 것은 '심슨'이었다. 2시즌~20시즌까지 한 편도 빼놓지 않고 봤다. 심슨의 좋은 점은 한편이 20분으로 짧은 편이고, 각 편에서 내용이 끝난다는 점이다. 심슨의 수준은 에피소드마다 다르지만 중간~중상 정도의 수준이다. 발음이 빠르고 어휘가 어려운 게 있긴 해도, 입 모양이 나오지 않는 대신 발음이 정확하다.

내가 귀가 틔었다는 것을 깨달은 것은, 프리즌 브레이크(미드)의 새로운 영상을 봤을 때였다. 보통 미드가 올라온 뒤 하루~이틀 뒤에 한글자막이 올라온다. 한번은 새로운 영상이 올라온 지 얼마 안 돼서 자막이 없었다. 궁금해서 자막 없이 봤는데 대부분 들려서 스스로도 많이 놀라웠다. 물론 그동안 프리즌브레이크를 보면서 말투에 익숙해진 탓도 있을 것이다. 그러나 그 속도에 그런 말을 3개월 전의 나는 절대 들을 수 없었다.

어학연수를 6개월 가면, 그 중 3개월은 집에서 미드만 보고

왔다는 사람들도 많다. 어학연수를 갔지만, 하루종일 학원에 있을 수는 없다. 결국 혼자 공부하는 시간에 영화나 미드를 보며 공부하는 경우가 많다. 한국에서 그렇게 공부하고 갔으면 절반 이하로 기간을 줄일 수 있었을 것이다.

쉬운 미드를 추천한다면 '로스트'나 '엑스파일'을 추천한다. '로스트'는 발음이 상당히 느리고, 또박또박하고, 쉬운 어휘가 많다. 엑스파일도 어려운 어휘가 종종 나오지만 발음이 좋은 멀더와 스컬리에게만 익숙해지면 되기 때문에 쉬운 편이다.

보통은 '프렌즈'나 '모던패밀리'를 많이 하는데, 프렌즈의 난이도가 상당히 높고, 모던패밀리는 더 높다. 다만 일상생활에서 쓰는 표현이 많고, 20분의 짧은 시간에 한 이야기 끝난다는 점이 좋다. 각각의 미드로 공부하는 사람들이 많아서 대본이나 영어자막 구하기도 수월하다.

미드 영상은 파일조(filejo.com)에서 구할 수 있다. 드라마의 영어자막은 tvsubtitles.net에 대부분 있다. 👑

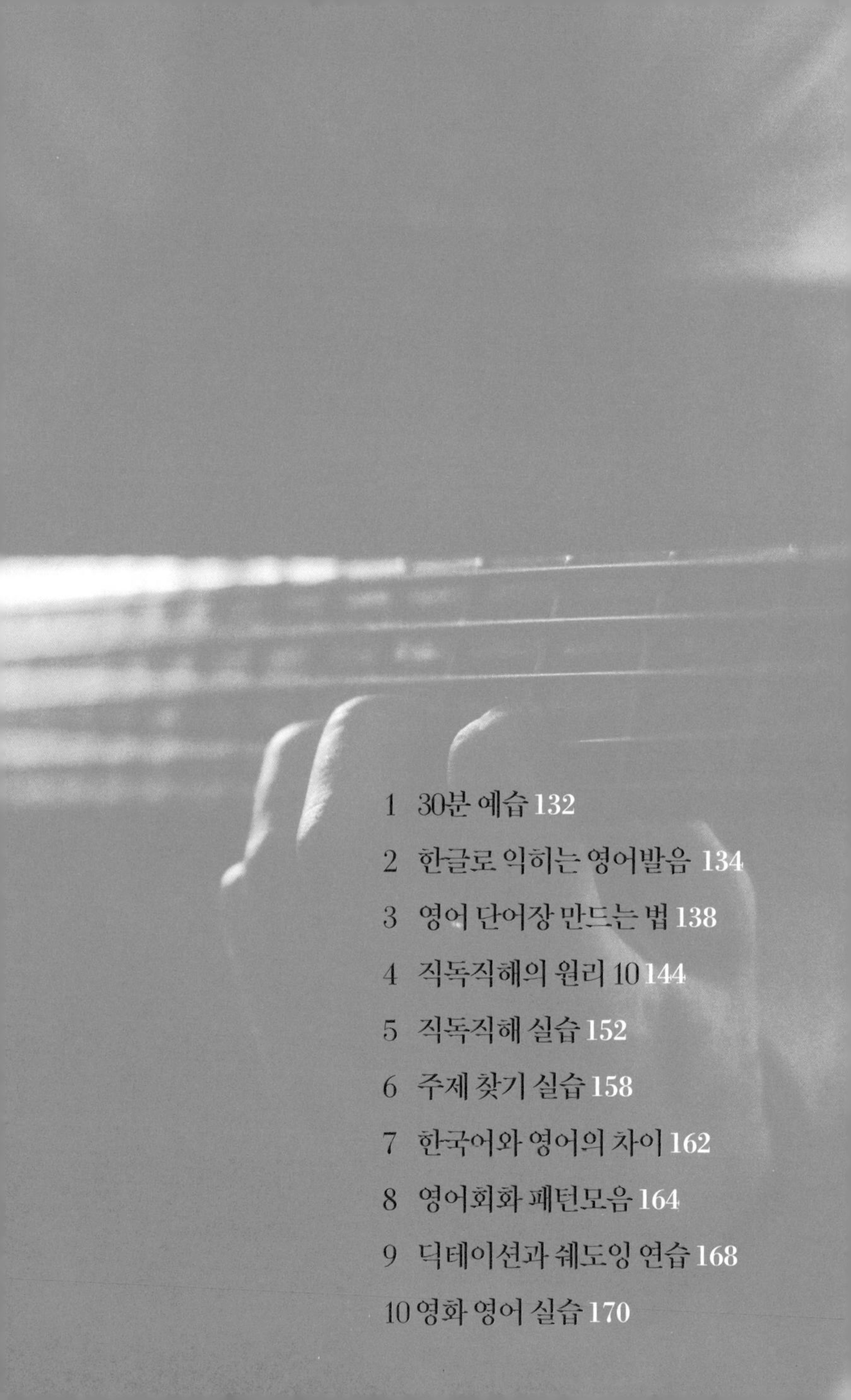

30분 예습

1 부모님이 읽으면 아이가 따라 읽는다.

2 아이 혼자서 읽는다.

3 읽으면서 모르는 단어는 부모님이 뜻을 알려주되 아이는 뜻을 적지 않고, 단어만 노트에 적는다(p.138).

5 다 읽고 난 다음 몰아서 모르는 단어의 뜻을 적는다.

6 아이가 한 문장씩 읽고 해석한다.

<예시 지문>

A long time ago, a dissatisfied horse asked the gods for longer, thinner legs, a neck like a swan, and a saddle that would grow upon him. Right away, the merciful gods changed him into a creature having all the new features. But although they had looked attractive separately, the entire assembly shocked him, for he found that he had been changed into an ugly camel. "There now," said the gods, "all your wishes are granted, and you will now live as you've wished all your life." Remember! Not all change is good. You should be satisfied with what you have.

실습 예시 MP3

1   <예시지문> 한 문장씩 따라 읽기

부모: 내가 읽으면 따라 읽어. 어 롱 타임 어고

아이: 어 롱 타임 어고

부모: 어 디쌔디스파이드 홀스 애슼트 더 가즈

아이: 어 디쌔디스파이드 홀스 애슼트 더 가즈

부모: 폴 롱걸, 씨널 렉스, 어 넥 라이커 스완,

아이: 폴 롱걸, 씨널 렉스, 어 넥 라이커 스완,

부모: 앤 어 쌔들 댓 그로우 어펀 힘.

아이: 앤 어 쌔들 댓 그로우 어펀 힘.

부모: 한문장 전체 따라 읽어봐.

아이: 어 롱 타임 어고~~~앤 어 쌔들 댓 그로우 어펀 힘.

부모: 그럼 다음 문장. 롸잇 어웨이, (끝까지 이런 식으로)

2   아이 혼자서 처음부터 끝까지 읽기

아이: 어 롱 타임 어고, 어 디쌔디스파이드~~왓츄 해브

3~6   (생략가능) p.138 참고

1   한글을 영어로 적기

자음과 **모음**을 참고해서 오른쪽 페이지의 한글 단어

를 영어로 적는다.

자음		**모음**	
ㄱ	g	아	a
ㄲ	*kk	애	ae
ㄴ	n	야	ya
ㄷ	d	어	*eo
ㄸ	*tt	에	e
ㄹ	l	여	*yeo
ㅁ	m	예	ye
ㅂ	b	오	o
ㅅ	s	와	wa
ㅆ	*ss	왜	wae
ㅈ	j	외	*oe
ㅉ	*jj	요	yo
ㅊ	ch	우	u
ㅋ	k	워	wo
ㅌ	t	위	wi
ㅍ	p	유	yu
ㅎ	h	으	*생략한다
		의	*ui
		이	i

실습 예시 MP3

134

<2시간에 끝내는 한글영어 발음천사> 46~47 일부 변형

나이: 비밀:

보다: 이름:

질문: 알다:

주방: 길이:

크기: 목록:

팔다: 슬픈:

간호: 체제:

토론:

정답 나이nai 보다boda 질문jilmun 주방jubang
크기kgi 팔다palda 간호ganho 토론toron
비밀bimil 이름ilm 알다arda 길이gili
목록moglog 슬픈slpn 체제cheje

2 영어를 한글로 적기

자음과 모음을 참고해서 오른쪽 페이지의 영어 단어
를 한글로 적는다. 모음이 없는 경우 '으'를 쓴다. 더
자세한 영어발음 방법은 <2시간에 끝내는 한글영어
발음천사> 참고

실습 예시 MP3

자음		**모음**	
ㄱ	g	아	a
ㄲ	*kk	애	ae
ㄴ	n	야	ya
ㄷ	d	어	*eo
ㄸ	*tt	에	e
ㄹ	l	여	*yeo
ㅁ	m	예	ye
ㅂ	b	오	o
ㅅ	s	와	wa
ㅆ	*ss	왜	wae
ㅈ	j	외	*oe
ㅉ	*jj	요	yo
ㅊ	ch	우	u
ㅋ	k	워	wo
ㅌ	t	위	wi
ㅍ	p	유	yu
ㅎ	h	으	*생략한다
		의	*ui
		이	i

발음

bed: last:

best: left:

big: send:

get: song:

gift: soul:

hit: spend:

hold: step:

hotel: test:

정답: bed베드 best베스트 big빅 get겟(트)
　　　gift기프트 hit힡(트) hold홀드 hotel호텔
　　　last라스트 left레프트 send센드 song송
　　　soul소울 spend스펜드 step스텝 test테스트

영어 단어장 만드는 법

 1   해석하면서 모르는 어휘가 나올 때마다 뜻을 확인

후, 노트의 왼쪽 끝에 어휘만 적는다.

 2   끝까지 해석하고 오른쪽 끝에 어휘의 뜻을 적는다.

적지 못한 어휘는 뜻을 확인 후 빈칸으로 남겨둔다.

 3   시간이 흐르고 다시 지문을 해석하면서 모르는 단어

가 나올 때만 노트를 확인한다.

 4   단어장만 볼 때는 왼쪽 단어를 보고 아는 단어면 다

음 단어를 보고, 모르는 단어면 오른쪽의 뜻을 확인

 한다. 적지 못한 단어의 뜻을 맞췄으면 뜻을 적고,

못 맞췄으면 아직 적지 않는다.

 5   2~3번 반복해서 확실히 알게 된 어휘는 놔두고, 모

르는 어휘 앞에 *을 표기해서, 모르는 어휘만 본다.

 6   노트 한 권이 끝나고 90% 이상 단어를 익혔으면, 새

로운 노트에 모르는 어휘만 옮겨 적는다.

1 모르는 어휘를 노트(작은 수첩이 아니라 공책 크기)의 왼
  쪽에 적는다.

<예시 지문>

A long time ago, a dissatisfied horse asked the gods for
longer, thinner legs, a neck like a swan, and a saddle
that would grow upon him. Right away, the merciful
gods changed him into a creature having all the new
features. But although they had looked attractive
separately...

| dissatisfied |
| saddle |
| merciful |
| creature |
| feature |
| attractive |

2 해석이 끝나면 오른쪽 끝에 뜻을 적는다. 모르는 어휘는 뜻을 확인하고 빈칸으로 남겨둔다.

dissatisfied	불만족한
saddle	
merciful	자비로운
creature	창조물
feature	
attractive	매력적인

3 시간이 흐르고 다시 해석하면서 모르는 단어가 나오면 단어장을 참고한다.

실습 예시 MP3

4 단어장만 볼 때는 왼쪽 단어를 보고 아는 단어면 다음 단
어를 보고(노트의 가로 크기가 있기 때문에 단어를 볼 때
오른쪽의 뜻은 보이지 않는다), 모르는 단어면 오른쪽의
뜻을 확인한다. 적지 못한 단어의 뜻을 맞출 수 있었으면
뜻을 적고, 못 맞췄으면 아직 적지 않는다.

dissatisfied	불만족한
saddle	
merciful	자비로운
creature	창조물
feature	특징
attractive	매력적인

5 2~3번 반복해서 확실히 알게 된 어휘는 놔두고, 모르는
어휘 앞에 *을 표기해서, 이후에는 모르는 어휘만 본다.

3

*dissatisfied	불만족한
*saddle	안장
merciful	자비로운
creature	창조물
feature	특징
attractive	매력적인

실습 예시 MP3

6 노트 한 권이 끝나고 90% 이상 단어를 익혔으면, 새로운
  노트에 모르는 어휘만 옮겨 적는다.

dissatisfied	불만족한
saddle	안장

1. 끊어 읽기

1 시작하는 명사(주어) 앞에서 끊는다.

7 years ago/ our father brought forth a new nation.
7년 전에/ 우리의 아버지는 낳았다/ 한 새로운 국가를.

2 시작하는 명사(주어)가 길어지면 명사 뒤에서 끊는다.

The way of life/ can be free. 그 삶의 방법은/ 자유로울 수 있다.

People here/ gave their lives.
이곳의 사람들은/ 줬다/ 그들의 생명을

3 본동사의 뒤에서 끊는다.

They gave/ their lives. 그들은 주었다/ 그들의 생명들을.

The world will remember/ this. 그 세계는 기억할 것이다/ 이것을.

4 전치사와 접속사의 앞에서 끊는다.

We are engaged/ in a war.
우리는 관련되었다/ 한 전쟁 안에.

We tested/ whether that nation can endure.
우리는 시험했다/ 저 국가가 참을 수 있는지를.

실습 예시 MP3

5a 전치사는 이어지는 명사에 붙여서 해석한다.

on this continent 이 땅에서
in liberty 자유 안에서
to the proposition 그 주제로

5b 접속사는 본동사에 붙여서 해석한다.

whether that nation can endure.
저 국가가 참을 수 있는지 (can endure에 붙임)

2. 문장 구조(형식)에 따른 해석

1 가장 많이 쓰는 해석은 '누가-한다-무엇을' 이다. (3형식)

They-gave-their lives. 그들은-주었다-그들의 생명들을.

The men-consecrated-it. 그 사람들은-신성하게 했다-그것을.

We-do-this. 우리는 한다/ 이것을.

2 두 번째로 많이 쓰는 해석은 '누가-상태·모습(be동사)이다-어떤' 이다. 이 책에서 be동사는 어떤(보어)과 합쳐서 해석했다. (2형식)

Men are created. 사람들은 창조되어진다.

3 드물게 '누가-한다-(무엇을)'에서 (무엇을)이 없다. (1형식)

We can endure.
우리는 참을 수 있다. (endure 뒤에 목적어(무엇을)가 없다.)

4 드물게 '누가-한다-(누구에게)-무엇을' 이 쓰인다. (4형식)

A world give (men) a chance.
한 세상은 준다 (사람들에게) 한 기회를.

5 드물게 '누가-한다-무엇이-(어떻게)' 가 쓰인다. (5형식)

God created men (equal).
신은 창조했다/ 사람들을 (평등하게).

Our knowledge made us (cynical).
우리의 지식은 만들었다/ 우리를 (냉소적으로).

Let us (unite).
허락해라/ 우리가 (단결하도록).

3. 조동사

1 **조동사는 본동사와 하나의 덩어리로 생각한다.**

We can endure. 우리는 참을 수 있다. (can endure가 한 덩어리)

2 **과거의 조동사는 과거로는 잘 안 쓰이고 주로 의미를 약하게 한다.**

We should do this. 우리는 그것을 해야 한다.

shall(~해라)을 약하게 해서 should(~해야 한다)를 썼다.

That nation might live. 저 국가는 살아날지도 모른다.

may(~할 것 같다)를 약하게 해서 might(~할지도 모른다)를 썼다.

3 **조동사의 의미**

will ~할 것이다 **can** ~할 수 있다 **may** ~할 것 같다

The world can never forget it.

그 세상은 절대 잊을 수 없다/ 그것을.

The communists may be doing it.

그 공산주의자들은 하는 중일 것 같다/ 그것을.

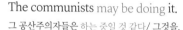

must ~해야 한다 **shall** ~해라, ~할 것이다 **should** (내 생각엔) ~해야 한다

실습 예시 MP3

We should do this. 우리는 해야 한다/ 이것을.

This time must be different. 이번은 달라야 한다.

The people shall not die in vain.

그 사람들은 죽지 않을 것이다/ 의미 없이.

would ~하려 한다, ~할 것 같다 **could** ~할 수도 있다

might ~할지도 모른다

Nations would make our adversary.

국가들은 만들 것 같다/ 우리의 적을.

4. 준동사 1: 동사+ing (현재분사)

1 명사 자리에서는 '~하는 것'으로 해석한다.

They sought power by riding the tiger.

그들은 추구했다/ 힘을/ 타는 것에 의해 그 호랑이를.

2 형용사 자리에서는 '~하는 중인'으로 해석한다.

My voice is reaching millions.

나의 목소리는 닿는 중이다/ 수백만 (명)에게.

3 그 외의 자리에서는 '~하면서(분사구문)'로 해석한다.

We are engaged in a war, testing whether that nation can endure.

우리는 관련됐다/ 한 전쟁에, 시험하면서/ 저 국가가 참을 수 있는지를.

5. 준동사 2: 동사+ed (과거, 과거분사)

1 본동사 자리에서는 '~했다'로 해석한다.

God created men. 신은 창조했다/ 사람들을.

We consecrated it. 우리는 신성하게 했다/ 그것을.

2 그 외의 자리에서는 '~해진', '~해지면서(분사구문)'로 해석한다.

Men were created. 사람들은 창조되어진다.

It was consecrated. 그것은 신성해졌다.

We are dedicated to the unfinished work.

우리는 헌신한다/ 그 끝나지 않은 일에.

Divided there is little we can do.

(우리가) 나뉘지면서/ 아주 적은 것이 있다/ 우리가 할 수 있는 것은.

6. 준동사 3: to+동사 (부정사)

1 명사 자리에서는 '~하는 것'으로 해석한다. (명사적 용법)

We want to live.
우리는 원한다/ 사는 것을.

I want to be an emperor.
나는 원한다/ 한 황제가 되는 것을.

4

I like to help everyone.
나는 좋아한다/ 돕는 것을 모든 사람을.

To reject this evidence is to deny oneself.
이 증거를 거부하는 것은 스스로를 부정하는 것이다.

2 그 외의 자리에서는 '~하기 위해'로 해석한다. (부사적 용법)

We want money to live.
우리는 원한다/ 돈을/ 살기 위해.

We come to dedicate a portion.
우리는 온다/ 헌신하기 위해 한 몫을.

To have energy, you need good foods.
힘을 가지기 위해, 당신은 필요하다/ 좋은 음식들을.

실습 예시 MP3

3 드물게 바로 앞의 명사를 꾸며서 '~할 수 있는'으로 해석한다. (형용사적 용법)

We have the power to add.
우리는 가진다/ 더할 수 있는 그 힘을. (바로 앞의 명사는 the power)

People have the power to create machines.
사람들은 가진다/ 그 힘을/ 기계들을 창조할 수 있는.
(바로 앞의 명사는 the power)

7. 관계대명사, 관계부사

1 관계대명사 앞에 선행사가 있으면 그 선행사를 의미한다.

It is the work which they advance.
그것이 그 일이다/ 그 일을 그들이 진보시킨다.

The men who struggled here consecrated it.
그 사람들은 (그 사람들은 투쟁했다/ 여기서) 신성하게 했다/ 그것을.

2 관계대명사 앞에 선행사가 없으면 선행사를 포함한다.

It is which they advance.
그것이 어떤 것이다/ 그 어떤 것을 그들이 진보시킨다.

The world can never forget what they did here.
그 세상은 절대 잊지 못할 것이다/ 무엇을 그들이 했는지 여기서.

3 관계부사는 선행사로 쓸 수 있는 명사의 종류가 정해져 있다
(when: 시간 관련, where: 장소 관련, why: 주로 the reason).

America is a place where all things are possible.
미국은 한 장소이다/ 그 장소에서 모든 것들은 가능하다.

4 관계대명사 앞에 전치사가 있으면 전치사와 함께 한 덩어리
로 해석한다.

We took the cause for which they gave their lives.
우리는 가져갔다/ 그 이유를/ 그 이유를 위해 그들은 주었다/ 그들의 생명을.

5 선행사가 없는 that(명사절 that)은 '한 문장을'을 의미하고,
그 문장이 무엇인지 이어서 나온다.

He said that 95% is the result of habit.
그는 말했다/ 한 문장을/ 95%는 습관의 결과라고.

They believe that this time is different.
그는 믿는다/ 한 문장을/ 이번은 다르다고.

8. 등위접속사 (and, but, or)

1 등위접속사의 뒤는 앞의 내용을 생략(흐린 글씨)한 후 문장을 이어서 쓴다.

Our father brought forth a new nation,
and dedicated to the proposition

우리의 아버지는 한 새로운 국가를 낳았다,
그리고 우리의 아버지는 헌신했다/ 그 주제에. (and 뒤에 our father가 생략됨)

2 여러 개를 열거할 때 등위접속사를 쓴다.

Brave men, living and dead, struggled here.

용감한 사람들은, 살아서나 죽어서나, 여기서 투쟁했다.

9. 콤마(,) 사용

1 뒤의 내용이 앞으로 나왔을 때 사용한다.

In a larger sense, we can not dedicate.

한 더 큰 의미에서, 우리는 헌신할 수 없다.
(원래 문장은 We can not dedicate in a larger sense.)

2 중간에 삽입됐을 때 시작과 끝에 사용한다. 이 경우 삽입된 부분을 괄호로 묶어서 해석한다.

Our father brought forth, on this continent, a new nation.

우리의 아버지는 낳았다, (이 땅에서), 한 새로운 국가를.
(on this continent가 삽입됨)

The men, who struggled here, consecrated it.

그 사람들은, (그 사람들은 투쟁했다/ 여기서), 신성하게 했다/ 그것을.
(who struggled here가 삽입됨)

3 여러 개를 열거할 때 and 대신 사용한다.

Let's explore the stars, conquer the deserts, and encourage the arts.

우리가 별들을 탐험하고, 사막을 정복하고, 그리고 예술을 장려하자.

10. 도치

1 주어가 길어지면 도치된다.

Blessed are the poor in spirit.
축복받는다/ 그 영혼이 가난한 사람들은.
(도치되기 전의 문장은 The poor in spirit are blessed.)

2 강조하는 말이 나오면 도치된다.

Wide is the gate. 넓다/ 그 문은.
(도치되기 전의 문장은 The gate is wide.)

Nor will it be finished in 1000 days.
또는 1000일 만에 그것이 끝나지 않을 것이다.
(도치되기 전의 문장은 Or, it will not be finished in 1000 days.)

3 의문문은 도치한다.

What are the habbits? 무엇이 그 습관들인가?
(원래 문장은 The habbits are some things. 그 습관은 어떤 것들이다.)

How do you develop a good habit?
어떻게 당신이 한 좋은 습관을 발전시키는가?
(원래 문장은 You develop a good habit slowly. 당신은 한 좋은 습관을 느리게 발전시킨다.)

4 there is/ there are는 관용구로 항상 도치해서 쓴다.

There is realization.
깨달음이 있다.

There are many people.
많은 사람들이 있다.

직독직해 실습

직독직해의 가장 기본 원리인 끊어 읽기 실습이다.

 1 본동사 뒤에서 끊는다.

2 전치사와 접속사 앞에서 끊어야 한다.

 3 끊은 범위 안에서만 해석한다.

5

실습 예문: TOP10 연설문의 오바마 대통령 연설

 1 본동사(주어 다음에 바로 나온 동사) 뒤에서 끊는다.

Ann Nixon Cooper is 106 years old. She was born just a generation past slavery; a time when there were no cars on the road or planes in the sky; when someone like her couldn't vote for two reasons — because she was a woman and because of the color of her skin.

실습 예시 MP3

And this year, in this election, she touched her finger to a screen, and cast her vote, because after 106 years in America, through the best of times and the darkest of hours, she knows how America can change.

152

본동사 뒤에서 끊은 모습

Ann Nixon Cooper is/ 106 years old. She was/ born just a generation past slavery; a time when there were/ no cars on the road or planes in the sky; when someone like her couldn't vote/ for two reasons — because she was/ a woman and because of the color of her skin.

And this year, in this election, she touched/ her finger to a screen, and cast/ her vote, because after 106 years in America, through the best of times and the darkest of hours, she knows/ how America can change.

2 전치사와 접속사 앞에서 끊는다.

Ann Nixon Cooper is/ 106 years old. She was/ born just

a generation past slavery; a time when there were/ no

cars on the road or planes in the sky; when someone like

her couldn't vote/ for two reasons — because she was/ a

5

woman and because of the color of her skin.

And this year, in this election, she touched/ her finger

to a screen, and cast/ her vote, because after 106 years

in America, through the best of times and the darkest

of hours, she knows/ how America can change.

실습 예시 MP3

전치사와 접속사 앞에서 끊은 모습

Ann Nixon Cooper is/ 106 years old. She was/ born just a generation/ past slavery; a time/ when there were/ no cars/ on the road/ or planes/ in the sky;/ when someone/ like her couldn't vote/ for two reasons — because she was/ a woman/ and because/ of the color/ of her skin.

And this year,/ in this election, she touched/ her finger/ to a screen, and cast/ her vote,/ because/ after 106 years/ in America,/ through the best/ of times/ and the darkest/ of hours, she knows/ how America can change.

3 끊은 범위 안에서만 해석한다.

Ann Nixon Cooper is/ 106 years old. She was/

born just a generation/ past slavery; a time/

when there were/ no cars/ on the road/ or planes/

5

in the sky;/ when someone/ like her couldn't vote/

for two reasons — because she was/ a woman/

and because/ of the color/ of her skin.

And this year,/ in this election, she touched/

실습 예시 MP3

her finger/ to a screen, and cast/ her vote,/

because/ after 106 years/ in America,/

through the best/ of times/ and the darkest/

of hours, she knows/ how America can change.

해석 제안

Ann Nixon Cooper is/ 106 years old. She was/

앤 닉슨 쿠퍼는/ 106살 나이이다. 그녀는

born just a generation/ past slavery; a time/

태어나졌다 바로 한 노예 세대가 지나서; 한때에

when there were/ no cars/ on the road/ or planes/

그때는 거기에/ 차가 없었고/ 길에는/ 또는 비행기들은/

in the sky;/ when someone/ like her couldn't vote/

하늘 안의;/ 그 때에 누군가는/ (그녀 같은) 투표할 수 없었다

for two reasons — because she was/ a woman/

두 가지 이유 때문에 — 왜냐하면 그녀가/ 한 여자여서/

and because/ of the color/ of her skin.

그리고 왜냐하면/ 그 색깔의/ 그녀의 피부의.

And this year,/ in this election, she touched/

그리고 이번 해에,/ 이 선거에서, 그녀는 닿았다/

her finger/ to a screen, and cast/ her vote,/

그녀의 손가락을/ 한 화면에, 그리고 던졌다/ 그녀의 표를,/

because/ after 106 years/ in America,/

왜냐하면/ 106년 뒤에/ 미국 안에서,/

through the best/ of times/ and the darkest/

가장 좋음을 통해/ 시대들의/ 그리고 그 가장 어두운/

of hours, she knows/ how America can change.

시간들의, 그녀는 안다/ 어떻게 미국이 바뀔 수 있는지.

주제 찾기 실습

한 문장에서 한 개나 두 개만 자신이 중요하다고 생각하는

단어에 표시(해설의 붉은글씨)하면서 해석한다. 해석하며

글쓴이가 각 문장을 무슨 의도로 썼는지를 생각한다.

6

밑줄 친 He[he]가 가리키는 대상이 나머지 넷과 다른 것은?

It was a beautiful Friday afternoon and the weekend was about to begin, but Rob had a lot on his mind. ① He had been putting off doing his chemistry report which was due on Monday. After borrowing some books from the library, he went home. Later that evening, ② he was doing the assignment when his father came in. "What are you doing, kid?" he asked. "Biography of Marie Curie," Rob said absently as ③ he was typing on his computer. "Really? I did that for a chemistry assignment when I was in school," his father said. "Why don't you find some information from the encyclopedia over there?" ④ he added. Rob grabbed the encyclopedia. He smiled thinking that even though he was practically born playing computer games,

실습 예시 MP3

⑤ <u>he</u> was still doing the same assignments his father did over 20 years ago.

해설

It was a beautiful Friday afternoon and the weekend was about to begin, but Rob had a lot on his mind.

but 앞까지는 너무 뻔한 일상의 이야기를 하고 있다. 이런 의미 없는 이야기를 하려고 글을 쓰지는 않았을 것이다. 하지만 but 뒤에 추상적인 단어 a lot(많은 것)이 나오면서 **과연 a lot이 무엇일까** 하는 궁금증을 만들어 낸다.

① <u>He</u> had been putting off doing his chemistry report which was due on Monday.

다음 문장에서 바로 a lot에 대한 설명으로 chemistry report가 나왔다. a lot에 대한 설명이 나오지 않는다면 좋은 글이 아니다. 글쓴이의 심정으로 월요일까지 **화학 숙제를 해야 되는데 아직 못해서 마음 졸이고 있다면** 잘 읽고 있는 것이다.

After borrowing some books from the library, he went home. Later that evening, ② <u>he</u> was doing the assignment when his father came in. "What are you doing, kid?" he asked.

새로운 등장인물 his father가 나왔다. **왜 아빠가 나왔을까** 궁금해해야 한다. 아빠가 이제서야 숙제를 하냐고 아들을 혼낼 수도 있고, 공부를 열심히 한다며 칭찬할 수도 있다.

"Biography of Marie Curie," Rob said absently as ③ <u>he</u> was typing on his computer. "Really? I did that for a chemistry assignment when I was in school," his father said. "Why don't you find some information from the encyclopedia over there?" ④ <u>he</u> added. Rob grabbed the encyclopedia. He smiled thinking that even though he was practically born playing computer games, ⑤ <u>he</u> was still doing the same assignments his father did over 20 years ago.

실습 예시 MP3

어휘가 약하다면 "Biography of Marie Curie,"가 무엇을 의미하는지, Marie Curie가 사람 이름인지 몰랐을 수도 있다. 그것은 중요하지 않다. 그게 무엇인지 궁금해하는 마음이 중요하다.

아버지는 아이가 컴퓨터 게임이나 했지, 이런 옛날 숙제를 할 리 없다고 생각했는데 20년 전에 자신이 했던 same assignments를 하는 모습을 보고 미소짓고 있다. 이렇게 뭔가 새로운 내용을 봐야 글을 파악한 것이다. 이 같은 일상문(일기 같은 글)의 경우, 특별한 사건이 아니면(혹은 일반적인 사건이라도 특별한 시선으로 보는 게 아니면) 글로 쓸 가치조차 없다.

외국인을 만났다. 밥 먹었냐고 묻기에 **나**는 집에서 **밥을** 먹는다를 영어로 대답한다.

나는　학교에서　　밥을　　먹는다.

I　　school　　rice　　eat

근데 이 문장은 잘못된 문장이다. 영어에는 조사나는 학교에서 밥을 먹는다가 없기 때문이다. 해석하면 나 학교 밥 먹어가 된다. 학교를 먹는지, 밥을 먹는지, 나를 먹는지 알 수가 없다. 한글은 조사가 있어서 각 단어의 순서를 바꿔도 쉽게 이해할 수 있다: 학교에서 밥을 먹는다 나는 / 나는 밥을 먹는다 학교에서 / 먹는다 학교에서 나는 밥을.

그러나 영어는 조사가 없다.

조사가 없는 대신에 자주 쓰는 조사는 단어의 순서에 따라 자동으로 붙는다. 첫 단어에는 누가, 두 번째 단어에는 한다 세 번째 단어에는 무엇을이 붙는다. I school rice eat을 바르게 배열하면,

누가 - 한다 - 무엇을

I　　eat　　rice

여기까지는 단어의 순서를 꼭 지켜서 배열해야 하고 그 뒤

동영상 강의

에는 순서에 상관없이 말하면 된다: 학교에서는 at school, 월요일에는 on Monday, 친구들과는 with friends. 문장의 형식으로는 3형식인데 사실 영어 문장의 대부분80% (Complex Sentences by Susan Mandel Glazer)은 3형식이다.

또 다른 문장의 형태는 비동사상태모습를 쓴다.

  누가 - 상태·모습 - 어떤

  I   am   happy.

이렇게 영어 문장의 형태는 2가지가 있어서, 영어로 말할 때 행동에 관한 건지, 상태·모습에 관한 건지를 판단하면서 말해야 한다.

영어를 잘하는 것이란 위의 2가지 문법 패턴을 얼마나 체득하고 있는지가 영어에 얼마나 빠르게 반응할 수 있는지를 결정한다. 들을 때는 쉽게 들어도, 막상 말하려고 하면 쉬운 문장조차 막혀서 잘 못 하는 이유는 위의 두 가지 문장 구조에 익숙하지 않기 때문이다. 이 책에서는 위의 2가지 패턴을 확장해 영어 전체를 볼 수 있는 힘이 생기도록 한다.

동영상 강의: goo.gl/p576xq

영어회화 패턴모음

<6시간에 끝내는 생활영어 회화천사>에서 가져온 패턴이

다. 실제로 많이 쓰는 패턴만 모아놨다. 각 패턴에서 단어만

바꿔가며 연습하면 영어회화의 기본을 다질 수 있다.

이 정도 수준의 문장패턴을 익히려면 <8시간에 끝

내는 기초영어 미드천사:왕초보패턴, 기초회화패턴>을 추

천한다. 실제 <6시간에 끝내는 생활영어 회화천사>의 난이

도는 여기에 제시된 문장들보다 높다.

1　　2형식

기본1 I am happy.

기본2 I am a cat.

줄여쓰기 I'm happy.

과거 I was happy.

진행형 I am eating rice.

진행형의 과거 I was eating rice.

수동태 Rice was eaten.

응용(일반동사) I get happy.

응용(지각동사) It feels good.

부정문 I am not happy.

의문문 Am I happy?

2   3형식

3인칭 단수 He eats rice.

과거 I ate rice.

부정문 I don't eat rice.

의문문 Do I eat rice?

3   다른 문장형식

1형식 I eat.

4형식 I give (you) rice.

5형식 I make you happy.

5형식 사역동사 I make you eat rice.

4   준동사

동명사 I stop eating rice.

To부정사의 명사적 용법 1 I want to eat rice.

To부정사의 명사적 용법 2 I want money to eat rice.

To부정사의 부사적 용법 I'm happy to eat rice.

5   명령문

명령문 Eat rice.

부정명령문 Don't eat rice.

6 전치사

장소관련 I eat rice at home.

시간관련 I eat rice at 12

부사+전치사 I am out of the house.

7 형용사와 부사

형용사 A happy man eats rice.

부사 I eat rice happily.

8 접속사

부사절 I am happy because I eat rice.

명사절 that: I know that you eat rice.

부사절 that: I am happy that you eat rice.

9 and

and 사용법 I want to eat rice, and to drink water.

콤마 사용법 Before I eat rice, I am happy.

원급 I am as happy as you are.

비교급 I am happier than you are.

10 조동사

will: I will eat rice.

can: I can eat rice

may: I may eat rice

must: I must eat rice.

과거 I would eat rice.

조동사구 I am going to eat rice.

의문문 Will you eat rice?

현재완료 I have eaten rice.

11 가정법

미래를 가정 If I eat rice, I will be happy.

현재를 가정 If I ate rice, I would be happy.

과거를 가정 If I had eaten rice, I would have been happy.

I wish that: I wish (that) I would be happy.

12 의문사 의문문

부사가 궁금한 경우 When do you eat rice?

목적어가 궁금한 경우 Who(m) do you like?

주어가 궁금한 경우 Who eats rice?

도치, 관용구 There is an apple.

딕테이션과 쉐도잉 연습

TOP10 연설문의 5번째 연설(2008년 오바마 대통령의 선거 승리 연설)의 일부이다.

Ann Nixon Cooper is 106 years old.

She was _____ just a generation past slavery;

a time when there were no cars on the road or planes in the _____ ; when someone like her couldn't vote for two _____ — because she was a woman and because of the color of her skin.

And this year, in this election, she touched her finger to a _____ , and cast her vote, because after 106 years in America, through the best of times and the darkest of hours, she knows _____ America can change.

1 여러 번 들으면서 (한글로라도) 받아쓰기

2 받아쓴 것을 오른쪽을 보고 고치기

3 본문을 보면서 따라말하기

4 본문을 보지 않고 따라 말하기

앤 닉슨 쿠퍼는 106살이다.

그녀는 태어났다born/ 막 한 세대의 노예제도를 지나서;

한 시기 (그때에는) 차들이 없었다/ 도로위에 또는 비행기들이/

하늘sky에; 그때에는 누구가는/ 그녀와 같은 (사람은)

투표할 수 없었다/ 두 가지 이유들reasons로 — 그녀가 한

여자였기 때문에 그리고 그녀의 피부 색깔 때문에.

그리고 올해, 이번 선거에서, 그녀는 만졌다/ 그녀의 손가락을/

화면screen에 그리고 던졌다/ 그녀의 표를,

106년 후에/ 미국에서, 최고의 시절들과

가장 어두운 (최악의)시간들을 통해, 그녀는 알기 때문에/ 어떻게

how 미국이 바뀔 수 있는지를.

영화 영어 실습

 1   한글 자막으로 보기(잘하는 사람은 생략): 1~3회

 2   영어 자막으로 보기, 해석이 어려운 부분만 사전, 대본, 한글 자막을 참고하기: 2~5회

 3   영어 자막으로 보면서 따라 말하기: 3~15회

 4   자막 없이 보면서 따라 말하기, 잘 안들리는 부분은 받아쓰고, 영어 자막을 참고하기: 10~30회

 샘플은 <이상한 나라의 앨리스>의 앨리스가 토끼 집에서

 커지는 사탕을 먹고 집에 몸이 낀 이후의 장면이다.

영상: goo.gl/qks68r

 영어대본

토끼 A monster, a monster, Dodo, in my house, Dodo.

앨리스 Dodo?

토끼 Oh, my poor little bitty house.

도도 Steady, old chap. Can't be as bad as all that, you know.

토끼 My poor roof and rafters. All my walls. There it is!

도도 By jove. Jolly well is, isn't it?

토끼 But do something, Dodo.

도도 Yes, indeed. Extraordinary situation, but...

토끼 But... but but what?

도도 But I have a very simple solution.

앨리스 Thank goodness.

토끼 What is it?

도도 Simply pull it out the chimney.

토끼 Go, go ahead. Go ahead. Pull it out.

도도 Who? Me? Don't be ridiculous.

도도 What we need is a...

도도 ...a lizard with a ladder.

토끼 Oh! Bill! Bill, we need a lazard with a lidder.

토끼 Can you help us?

빌 At your service, guv'nor.

도도 Bill, me lad, have you ever been down a chimney?

빌 Guv'nor, I've been down more chimneys...

도도 Excellent. Excellent. You just pop down the chimney
and haul that monster out of there.

빌 Righto, guv'nor. Monster?

도도 Come now. That's better, me lad.
You're passing up a golden opportunity.

빌 I am?

도도 You can be famous.

빌 I can?

도도 Of course. There's a brave lad. In you go, now.
Nothing to it, old boy. Simply tie your tail around the
monster's neck and drag it out.

빌 But, guv'nor...

도도 Good luck, Bill.

도도 Well... there goes Bill.

앨리스 Poor Bill.

마이클리시 커리큘럼

입문   초급

말하기·쓰기 기본서

8문장으로 끝내는
유럽여행 영어회화

8시간에 끝내는
기초영어 미드천사
:왕초보 패턴

8시간에 끝내는
기초영어 미드천사
:기초회화 패턴

4시간에 끝내는
영화영작: 기본패턴

2시간에 끝내는
한글영어 발음천사

영어회화
2018년

어휘
2018년

6시간에 끝내는
생활영어 회화천사
5형식/준동사

6시간에 끝내는
생활영어 회화천사
전치사/접속사/조동사/의문문

읽기

직독직해 1,2?
2020년

TOP10 영어공부

직독직해 3?
2021년

직독직해 4?
2021년

중급   **고급**

4시간에 끝내는
영화영작: 응용패턴

4시간에 끝내는
영화영작: 완성패턴

수백권의 좋은글귀
영어명언 다이어리
2018

영화?
2018년

TOP10 연설문

직독직해 5,6?
2022년

잠언 직독직해

나쁜 수능영어

직독직해 7?
2022년

TOP10 ??
2018년

꾸준히 영어책을 출간할 수 있도록 열정, 건강, 시간, 환경, 지혜를 주신 **여호와**께, **예수**께 감사드립니다. 그런즉 이제 둘이 아니요 한 몸이니 그러므로 하나님이 짝지어주신 것을 사람이 나누지 못할지니라 마태복음 19:6

아내 **이향은**과 **부모님**들(이순동, 김분란, 황오주, 김행자)께 감사드립니다. 딸 **황루나**와 아들 **황루나**에게 감사드립니다.

영어와 디자인을 가르쳐 주신 선생님들(**강수정, 김경환, 김태형, 문영미, 박태현, 안광욱, 안지미**)께 감사드립니다.

깐깐하게 부탁해도 요구를 들어주신 동양인쇄 **구완모**(01062647324) 차장님, 보관과 배송에 힘써주시는 출마로직스 **윤하식**(01052409885) 대표님께 감사드립니다.

독자분들께 책을 소개, 판매해주시는 교보문고(**김서현, 김효영, 장은해, 허정범**), 랭스토어(**김선희, 한광석, 홍정일**), 리디북스, 북센(**송희수, 이선경**), 반디앤루니스(**박병찬, 김은진**), 세원출판유통(**강석도**), 알라딘(**김채희**), 영풍문고(**임두근, 장준석**), 인터파크(**김지현, 김희진**), 한성서적(**문재강**), 오프라인 모든 MD분들께 감사드립니다.

판매에 도움을 주시는 여산통신(027369636 **조미영, 조영관**), 콜롬북스(01022947981 **이홍열**), 네이버 카페, 블로그, 포스트, 사전, 블로거분들, **잡지사** 관계자분들, **신문사** 관계자분들께 감사드립니다.

꾸준히 마이클리시 책을 구매해주시고, 응원해 주시는 **독자분들**께 진심으로 감사드립니다. 즐겁게 영어 공부하실 수 있도록 최선을 다해 돕겠습니다.

TOP10 영어공부

1판 1쇄   2018년 1월 14일

지은이   Mike Hwang
발행처   Miklish
주소   서울시 서대문구 홍제동 156-361, 501호
전화   010-4718-1329, 070-7566-9009
홈페이지 miklish.com
e-mail   iminia@naver.com
ISBN   979-11-87158-08-0

국립중앙도서관 출판예정도서목록(CIP)

Top10 영어공부 : 3백명이 말한 3천만원 아끼는 /
Mike Hwang 지음
서울 : Miklish, 2017   176p. ;   12.7cm X 18.8cm

본문은 한국어, 영어가 혼합수록됨
ISBN 979-11-87158-08-0 04740 : ₩14000
ISBN 979-11-87158-06-6 (세트) 04190

영어 학습[英語學習]

740.7-KDC6
420.7-DDC23   CIP2017032939

영어가 쉬워지는
비법이 담겨있습니다